稲　見　亨　著

国際的会計基準論

―ドイツのIFRS対応―

東京　森山書店　発行

序　　論
──分析の視点──

　本書は，IFRS（国際財務報告基準）への対応に向けた，ドイツの会計制度改革について論究したものである。

　IFRSは現在，欧州連合（EU）を中心に世界の100か国以上で導入されているといわれるが，すべての国でIFRSが無条件に適用されているわけではない。EUで通用するのは，IFRSではなくて，EU法の一部とみなされる「国際的会計基準」（EUの24の公用語版）である。

　ドイツで適用される「国際的会計基準(internationale Rechnungslegungsstandards)」（商法典（HGB）第315e条）とは，国際会計基準審議会（IASB）が開発するIFRS（および解釈指針）のうち，EUの機関による検証と承認の手続き（エンドースメント）を経て，ドイツ語（公用語）に翻訳の上，EU公報に掲載されたものである。したがって，ドイツでは2005年以降，IFRSそのものの適用ではなく，IFRS（英語版）を「国際的会計基準」（ドイツ語版）に置き換える形で，その"適度な接近"が図られているとみなければならない。

　こうした，IFRSと「国際的会計基準」（公用語：多言語版）の厳密な区別，すなわち「国際的会計基準」概念に基づくIFRSの相対化という認識が，本書の出発点であると同時に，類書と一線を画するものである。つまり，IFRS（および解釈指針）は，将来の改訂版も含めて「国際的会計基準」という法的な概念に包摂され，独自の意味づけが行われる。我が国の研究で見落とされているのは，こうした"IFRSのEU法化"という側面であり，本書を『国際的会計基準論』と題する所以である。

　さらに，本書の特徴は，「国際的会計基準」に加え，「資本市場指向 (Kapitalmarktorientierung)」および「規制緩和 (Deregulierung)」がドイツの制度改革のキーワードとして浮上し，それら3つの概念が一体となってIFRSへの "適度な接近" を支えていることを解き明かした点にある。筆者は，前書『ドイツ会計国際化論』(森山書店，2004年) において，連結決算書と個別 (単体) 決算書の線引きに基づくドイツの二元的な対応，いわゆる "連単分離" をモチーフ (主題) にした。すなわち，連結決算書レベルでIFRSへの適応を図る一方，個別決算書レベルについてはIFRSの影響を可能な限り排除するという，ドイツの制度改革の特徴を明らかにした。

　本書では，こうした "連単分離" に，もう1つの分析の視点を加味している。すなわち，「連結決算書」と「個別決算書」の区分に，「資本市場指向 (企業)」と「非資本市場指向 (企業)」の区分を交えた，IFRSへの二重の二元的対応の構図 ("4区分のマトリックス") である。本書は，とくに後者の「資本市場指向」の線引きに分析の重点を置いており，この点も従来の研究とは異なる新しい切り口である。

　以下の図は， "4区分のマトリックス" を用いて，ドイツのIFRS対応を示したものである (より詳しくは第6章：図表6-2)。

ドイツにおけるIFRS対応の "4区分のマトリックス"

	連結決算書	個別決算書
資本市場指向企業	国際的会計基準[注1)	HGB[注3)
非資本市場指向企業	HGB／国際的会計基準[注2)	HGB[注3)

注1) 強制適用

注2) 任意適用

注3) 別途，公示 (情報) 目的に限定して，国際的会計基準の適用が可能。

(出所) 筆者作成

　まず，資本市場指向企業の連結決算書に限定して，国際的会計基準が強制適用される（網掛部分）。これは2005年以降，EUの加盟国で統一されている部分である。他方，それ以外の部分については各国の裁量（加盟国選択権）が認められ，ドイツの場合，非資本市場指向企業の連結決算書には，HGBと国際的会計基準の選択（任意適用）が認められる。また，個別決算書レベルでも国際的会計基準の適用が認められるものの，それは公示（情報）目的に限定した場合であり，配当可能利益／課税所得算定のために，個別決算書は従来どおりHGBに準拠して作成される。その意味で，ドイツは"4区分のマトリックス"を見取り図に，IFRSの許容範囲を慎重に見極めた上で対応を行っている。

　したがって，注目すべきは「国際的会計基準」ならびに「資本市場指向」概念のもつ両義性，すなわち双方の概念がともに，一方ではIFRSを受容するための論理，そして他方ではIFRSを限定するための論理として，二重の役割を果たしている点にある。しかしながら，これらの概念がEUそしてドイツのレベルでいかに形成され，会計制度上どのような役割を果たしているのか。この点に関する我が国の先行研究は，筆者の知る限り存在しない。

　そして，本書のさらなる特徴は，非資本市場指向企業レベルに向けて「規制緩和」概念が形成されたことに着目し，その内容を体系的に分析した点にある。本書にいう規制緩和とは，会社規模に応じて決算書の作成や公示等の免除・簡素化を認める措置であり，その限り，国際的会計基準の影響範囲を段階的に狭める効果をもつ。つまり「規制緩和」概念もまた，IFRSの影響を限定する役割を担うものである。

　事実，ドイツにおいては，EUのミクロ指令（2012年）や新会計指令（2013年）の転換にあたり，資本市場指向企業レベルでの国際的会計基準適用の枠組みを維持したまま，非資本市場指向企業に対する会計負担の軽減化が行われ，IFRSの影響範囲が限定された。こうした「規制緩和」を軸にした制度設計を，筆者は"非資本市場指向の会計制度改革"と表現するが，この点に関し部分的なものを除き，我が国での体系的な研究は見当たらない。

以上のような問題意識に基づき，本書は，具体的に次のような構成となっている。

第1章は，本書の総論部分にあたり，「国際的会計基準」「資本市場指向」「規制緩和」という3つの概念を整理し，それらの概念が一体となってIFRSへの"適度な接近"を支えている構図を明らかにしている。その際，ドイツ企業による国際的会計基準の適用状況にもふれ，選択（任意）適用の場面では国際的会計基準よりもHGBが選好されている点，さらには，国際的会計基準が強制適用となる資本市場指向企業の数が近年，減少傾向にある点に言及している。

第2章，第3章，第4章は，「国際的会計基準」概念に焦点を当てて，その形成のプロセス，とくにエンドースメントについて論究した部分である。第2章では，EUの一連の公的文書を取り上げ，IFRS対応に向けた会計戦略の生成から確立に至るまでの経緯を跡づけている。同戦略の特徴は，EUの利害確保を前提に，IFRSを（EU法に承認された）「国際的会計基準」へと転化させる，エンドースメント・メカニズムを組み込んでいる点である。その生成過程を描き出すことで，エンドースメントがIFRS対応戦略の根幹を成している点を明確にしている。

第3章は，「国際的会計基準」形成のための法的根拠の明確化を目的としている。エンドースメントの法的基盤は，IAS適用命令を軸にして，それと連携する他の関係法令によって整えられている。その仕組みを体系的に整理することに加え，エンドースメントにかかわる新たな改革を考察し，とくにEU議会（および理事会）の監視機能を高める形で，エンドースメント手続きが強化された点を明らかにしている。

第4章では，EU法の一部とみなされる「国際的会計基準」をどのように解釈すべきか，そのことを論点に，専門誌に連携して発表された2つの有力な所説を検討している。1つは，国際的会計基準の解釈に対する裁判所の権限を指摘した所説であり，もう1つは，国際的会計基準に対するEUならびにドイツ流の解釈方法の確立を唱えた所説である。その検討を通じて，"IFRSのEU法化"という観点がドイツで共有されている点，そして，国際的会計基準の法的側面

とそれに基づく解釈が，アングロサクソン的概念を相対化しうる点に言及している。

　第5章および第6章は，EUならびにドイツにおける「資本市場指向」概念の形成とその役割について論究した部分である。第5章では，EUレベルの「資本市場指向」概念に焦点を当てて，同概念に基づく会計制度改革を分析している。それにより，"4区分のマトリックス"を見取り図に，国際的会計基準の統一的適用を資本市場指向企業の連結決算書レベルに限定し，その枠のなかでIFRSへの接近を図るスタンスが貫かれている点，また他方で，非資本市場指向企業レベルに対して，IFRSの影響を遠ざける形で制度改革が進んでいる点を描き出している。

　第6章では，ドイツにおける「資本市場指向」概念の形成過程を跡づけながら，国際的会計基準の適用条項を詳しく分析している。ドイツではEUと同様，「資本市場指向」概念を軸にした会計規制が構築され，そのもとで国際的会計基準が適用される。具体的には，IAS適用命令の強制適用の範囲を超えて，"最大限の柔軟性"をキーワードに，非資本市場指向企業の連結決算書には任意適用，そして個別決算書レベルにも（情報目的に限定して）国際的会計基準を適用する選択肢が設けられている。さらには，資本市場指向企業の決算書に対して順法性監視システム（エンフォースメント）が構築されていること，そしてドイツがEUに先んじて「資本市場指向」概念を打ち出したことを明らかにしている。

　第7章および第8章は，EUとドイツにおける「規制緩和」概念に基づく制度改革に論究した部分である。第7章では，会計法現代化法（BilMoG）を「規制緩和」に向けた第一のステップと位置づけ，その内容を考察している。BilMoGでは，HGB規定の"現代化"と"規制緩和"が改革の柱とされ，とりわけ後者について中小・零細企業に対する負担軽減策の拡充が図られた。つまり，非資本市場指向企業レベルに向けて，国際的会計基準と「等価」で，しかも「効率的」かつ「簡素」なHGBを整える方向で改革が始まった点を明らかにしている。

　第8章では，「規制緩和」に向けた第二のステップとして最小規模資本会

社会計法修正法 (MicroBilG)，そして第三のステップとして会計指令転換法 (BilRUG) を考察している。EUでは，会計指令の改編・統合により "非資本市場指向の会計制度改革" が進行しており，MicroBilGは，ミクロ指令の転換にあたり「最小規模資本会社」という新区分を導入し，該当企業に対する重点的な会計負担軽減を目指した。またEUの新会計指令の制定は，行政手続き関連コストの削減運動の一環であり，同指令を受けたBilRUGが，計算規定の改正以上に規制緩和の推進に力点を置いた内容であることを具体的に論証している。

　第9章，第10章，第11章は，"適度な接近" を物語る会計問題に論究した部分である。第9章では，公正価値会計へのドイツの対応を考察している。ドイツ会計にとって「異物」ともいわれる "fair value（公正価値）" をめぐっては，BilMoGの立法の際，その評価を売買目的金融商品に導入すべきか否かが争点になった。そしてこの論争は，学界を中心とする反対運動を受けて，対象を金融機関に限定する形で決着をみた。ドイツでは「公正価値」が「付すべき時価」概念に置き換えられて制度化されるが，同概念を通じてIFRSとは一線を画した，公正価値（付すべき時価）会計の限定的導入が行われた経緯を跡づけている。

　第10章では，CSR指令転換法による，非財務報告にかかわる制度改革の特徴を明らかにしている。同法は，EUのCSR指令をドイツ法に転換するものであり，それにより（連結）状況報告書を基本的受け皿に，環境，従業員，人権そして不正防止等にかかわる非財務報告の充実化が図られた。そして，資本市場指向企業に対しては，多用な報告形態を容認しつつ非財務報告を義務づけ，他方，非資本市場指向企業には非財務報告を免除するという，「資本市場指向」の切り分けに基づく二元的な規制方針が採用された。これは，IFRS対応のあり方と軌を一にするものである。

　第11章では，欧州裁判所の先決的判決を考察している。先決的判決というEU固有の訴訟手続きは，会計係争をめぐって，加盟国会計規定の汎欧州・国際的側面を浮かび上がらせている。その最近の事例であるGIMLE判決（2013年）の分析を通じて，その判旨が，アングロサクソン的会計規範，とりわけIFRSに

対して"適度な接近"を図るドイツのスタンスに重なることを論証している。すなわち，欧州裁判所は真実性原則（true and fair view原則）の意義を認めつつも，他方で，大陸ヨーロッパ的な慎重原則ならびに取得原価主義の重視をもって同原則を限定する立場を示した点を明らかにしている。

　以上，ドイツはIASBが開発するIFRSを無条件に導入しているのではない。IFRS（英語版）を，EU法の一部としての「国際的会計基準」（公用語：ドイツ語版）に置き換えて適用可能にしている点を見逃してはならない。ドイツの場合，「国際的会計基準」は，資本市場指向企業の連結決算書に強制適用，非資本市場指向企業の連結決算書には任意適用，さらに個別決算書レベルでも適用が認められるが，それは情報目的に限定され，配当可能利益／課税所得算定のために，従来どおりHGB準拠の個別決算書の作成が義務づけられる。その限り，連結は国際基準，個別（単体）は国内基準といった形式的な"連単分離"ではなく，柔軟性（基準選択）を伴う，HGBと「国際的会計基準」の二層の適用構造の導入である。したがって，ドイツは"IFRSと等価でかつ効率的な代替モデル"の創造に向けて，HGB会計のアップデート（現代化）を目指しているのであり，その際に「国際的会計基準」「資本市場指向」「規制緩和」概念が，IFRSとの一定の距離感，すなわち"適度な接近"を支えるキーワードになっている。

　つまり，IFRSの受容か拒否か，強制適用か任意適用か，あるいは連結か個別（単体）かといった単純な二元論を超えて，IFRSに向けたより戦略的なアプローチを見い出すことができる。その意味で，近年のドイツの制度改革のあり方は，IFRS対応に伴う我が国の制度設計の場面で大きな示唆を与えるものと考える。本書の意義はここにある。

目　　次

〔略 語 一 覧〕

ARC	Accounting Regulatory Committee	会計規制委員会
AReG	Abschlussprüfungsreformgesetz	決算書監査改革法
BaFin	Bundesanstalt für Finanzdienst-leistungsaufsicht	連邦金融監督庁
BFH	Bundesfinanzhof	連邦財政裁判所
BGH	Bundesgerichtshof	連邦通常裁判所
BilKoG	Bilanzkontrollgesetz	会計統制法
BilMoG	Bilanzrechtsmodernisierungsgesetz	会計法現代化法
BilReG	Bilanzrechtsreformgesetz	会計法改革法
BilRUG	Bilanzrichtlinie-Umsetzungsgesetz	会計指令転換法
BiRiLiG	Bilanzrichtlinien-Gesetz	会計指令法
BMF	Bundesministerium der Finanzen	連邦財務省
BMJ	Bundesministerium der Justiz	連邦法務省
BMJV	Bundesministerium der Justiz und für Verbraucherschutz	連邦法務・消費者保護省
CSR	Corporate Social Responsibility	企業の社会的責任
DPR	Deutsche Prüfstelle für Rechnungslegung	ドイツ会計検査機関
DRS	Deutsche Rechnungslegungsstandards	ドイツ会計基準
DRSC	Deutsches Rechnungslegungs Standards Committee	ドイツ会計基準委員会
DSR	Deutscher Standardisierungsrat	ドイツ基準設定審議会
EC	European Communities	欧州共同体
EFRAG	European Financial Reporting Advisory Group	欧州財務報告諮問グループ
EU	Europäische Union	欧州連合
EuGH	Europäischer Gerichtshof	欧州裁判所
EWG	Europäische Wirtschaftsgemeinschaft	欧州経済共同体
FASB	Financial Accounting Standards Board	財務会計基準審議会

GAAP	Generally Accepted Accounting Principles	一般に認められた会計原則
GoB	Grundsätze ordnungsmäßiger Buchführung	正規の簿記の諸原則
GoL	Grundsätze ordnungsmäßiger Lageberichterstattung	正規の状況報告書作成の諸原則
HGB	Handelsgesetzbuch	商法典
IAS	International Accounting Standards	国際会計基準
IASB	International Accounting Standards Board	国際会計基準審議会
IASC	International Accounting Standards Committee	国際会計基準委員会
IDW	Institut der Wirtschaftsprüfer in Deutschland	ドイツ経済監査士協会
IFRIC	International Financial Reporting Interpretations Committee	国際財務報告解釈指針委員会
IFRS	International Financial Reporting Standards	国際財務報告基準
KapAEG	Kapitalaufnahmeerleichterungsgesetz	資本調達容易化法
KapCoRiLiG	Kapitalgesellschaften- und Co. Richtlinie-Gesetz	資本会社 & Co. 指令法
KonTraG	Gesetz zur Kontrolle und Transparenz im Unternehmensbereich	企業領域統制・透明化法
MicroBilG	Kleinstkapitalgesellschaften-Bilanzrechtsänderungsgesetz	最小規模資本会社会計法修正法
NKRG	Gesetz zur Einsetzung eines Nationalen Normenkontrollrates	国家規準監視審議会設置法
PublG	Publizitätsgesetz	開示法
SARG	Standards Advice Review Group	基準承認勧告審査グループ
SIC	Standing Interpretations Committee	解釈指針委員会
TransPuG	Transparenz- und Publizitätsgesetz	透明化・開示法
WpHG	Gesetz über den Wertpapierhandel	有価証券取引法

年表　EU とドイツにおける会計制度の改革

年　月	EU の公的文書・先決的判決	EU の指令・命令	ドイツの会計関連立法
1978 年 7 月		第 4 号指令（個別決算書）	
1983 年 6 月		第 7 号指令（連結決算書）	
1984 年 4 月		第 8 号指令（監査人資格）	
1985 年 12 月			会計指令法（BiRiLiG）
1986 年 12 月		銀行会計指令	
1990 年 11 月			銀行会計指令法
1991 年 12 月		保険会計指令	
1993 年 5 月		有価証券サービス指令	
1994 年 6 月			保険会計指令法
1995 年 11 月	「会計領域の調和化：国際的調和化に向けた新戦略」		
1996 年 6 月	Tomberger 判決		
1998 年 4 月			資本調達容易化法（KapAEG）
1998 年 4 月			企業領域統制・透明化法（KonTraG）
1998 年 10 月	「金融サービス：行動大綱の策定」		
1999 年 5 月	行動計画「金融市場大綱の転換」		
1999 年 6 月		Ecu 適合指令	
1999 年 6 月	コミトロジー決定（EU 理事会）		
1999 年 9 月	DE＋ES 判決		
2000 年 2 月			資本会社＆Co. 指令法（KapCoRiLiG）
2000 年 6 月	「EU の会計戦略：将来の進路」		
2001 年 2 月	ラムファルシー報告書		
2001 年 9 月		公正価値指令	
2002 年 7 月			透明化・開示法（TransPuG）
2002 年 7 月		IAS 適用命令	
2003 年 5 月		規模基準値修正指令	
2003 年 6 月		現代化指令	
2003 年 9 月		IAS 承認命令（1725/2003）	
2003 年 10 月	BIAO 判決		
2004 年 4 月		IAS 承認命令（707/2004）	

2004 年 10 月		会計法改革法（BilReG）
2004 年 10 月		会計統制法（BilKoG）
2004 年 12 月	透明性指令	
2006 年 5 月	修正指令（第 8 号指令）	
2006 年 6 月	修正指令（第 4・7 号指令）	
2006 年 7 月	コミトロジー決定の修正のための理事会決定	
2006 年 8 月		国家規準監視審議会設置法（NKRG）
2007 年 1 月	行動計画「EU の行政コスト削減」	
2008 年 2 月	ラートヴァン報告書（EU 議会）	
2008 年 3 月	IAS 適用命令の修正命令	
2009 年 5 月		会計法現代化法（BilMoG）
2012 年 3 月	ミクロ指令	
2012 年 12 月		最小規模資本会社会計法修正法（MicroBilG）
2013 年 6 月	新会計指令	
2013 年 10 月	GIMLE 判決	
2013 年 10 月	メイシュタット報告書（EU 委員会）	
2014 年 3 月	「EU 経済の長期的ファイナンス」	
2014 年 10 月	CSR 指令	
2015 年 7 月		会計指令転換法（BilRUG）
2015 年 7 月		官僚主義撤廃法
2017 年 4 月		CSR 指令転換法

※本書で言及したものを中心に掲げている。

第1章　ドイツにおける IFRS への適度な接近

は　じ　め　に

　HGB以外に，ドイツで適用可能なのは「国際的会計基準」(ドイツ語版) である。国際的会計基準は，EUの機関による検証と承認の手続き，すなわちエンドースメント[1]を経て，IFRS (英語版) がEU法へと転化したものである。その意味で，IFRSと「国際的会計基準」は厳密に区別されなければならない。

　また，国際的会計基準に加えて，制度設計のキーワードとなるのが「資本市場指向」ならびに「規制緩和」概念である。資本市場指向とは，EU域内の「規制市場」の利用を指標とするもので，資本市場指向企業の連結決算書に対して国際的会計基準が強制適用される。そして規制緩和とは，決算書の作成・公示義務の免除等により，とくに非資本市場指向企業の会計負担の軽減化を目指すものであり，その限り，国際的会計基準の影響範囲は狭まる。つまりドイツでは，資本市場指向企業レベルにおいて国際的会計基準適用の枠組みが構築される一方，他方で規制緩和により，非資本市場指向企業レベルにおいて，同基準を遠ざける形で制度改革が進展している。

　本章は，総論部分にあたり，その目的は「国際的会計基準」「資本市場指向」「規制緩和」という3つの概念を整理すること，そして，それらの概念が一体となってIFRSへの「適度な接近 (maßvolle Annäherung)」[2]を支える構図を明らかにすることである。その際，ドイツ企業による国際的会計基準の現実の適用

状況にも言及したい。

1 「国際的会計基準」概念の構築

ドイツにおけるIFRS対応は，純粋な"導入"ではなく，"適度な接近"という表現が相応しい。図表1-1のとおり，会計制度改革（HGBの改正）の場面で，IFRSへの"適度な接近"を一体的に支えるのが，「国際的会計基準」「資本市場指向」「規制緩和」という3つの概念である。

図表1-1　3つの概念に基づくIFRSへの"適度な接近"

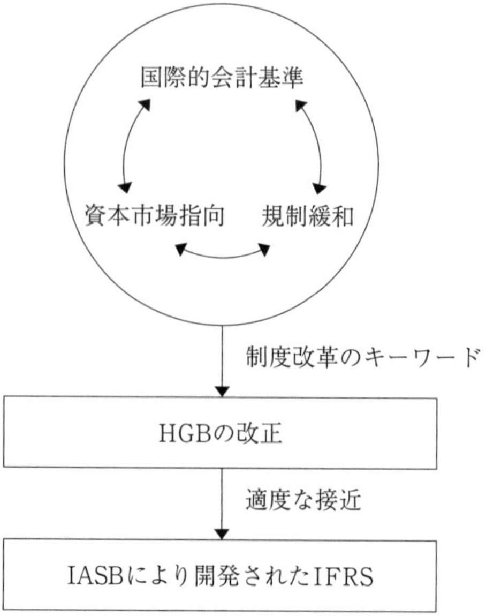

（出所）筆者作成

(1)「国際的会計基準」概念の形成

まず「国際的会計基準」の概念である。1998年の資本調達容易化法（KapAEG）で導入されたHGB第292a条は，IFRS（当時はIAS）ならびにUS-GAAPを

「国際的に認められた会計原則（international anerkannte Rechnungslegungs-grundsätze）」と定め，当該基準を適用した連結決算書の作成を特例的に容認するものであった。これは，ダイムラー・ベンツ（Daimler Benz）やプーマ（Puma）など，US-GAAP または IFRS を先駆的に適用したドイツ企業の実務対応を支援するものであった[3]。

　そして，2002 年に EU の IAS 適用命令[4]が制定されたことで，ドイツにおける IFRS 対応は新たな局面を迎えた。同命令は，域内の資本市場統合の一環として，2005 年からの国際的会計基準の適用を加盟国に指示した。これによりドイツでは，「国際的に認められた会計原則」から「国際的会計基準」概念への移行が図られ，US-GAAP がその対象外となった。

　ドイツで通用する「国際的会計基準」（HGB 第 315e 条，第 325 条 2a 項）とは，IASB が開発する IFRS（および解釈指針）のうち，個別の基準（解釈指針）ごとに検証され，翻訳の上，全公用語（24 言語）で EU 公報に掲載されたものである。重要なのは，こうしたプロセスを経て，EU 法の一部とみなされる国際的会計基準が形成される点である。すなわち，IFRS（英語版）を EU 法の枠組みに収め，承認された国際的会計基準（公用語版）に法的規範性を付与する仕組みが設けられている。

　その意味で，「国際的に認められた会計原則」から「国際的会計基準」への移行は，US-GAAP を「国際的会計基準」概念の枠外とするだけでなく，ドイツが IFRS の純粋な"導入"とは一線を画した方向に進むことを含意していた。

(2) EU 法の一部としての「国際的会計基準」

　IFRS が，EU 法としての国際的会計基準に転化する場合，その適用と解釈にあたり「適法性」の観点が求められる。すなわち，国際的会計基準の解釈に，「適法性」という大陸ヨーロッパの伝統を実現する「制度的コルセット」が設けられる[5]，ということである。

　つまり，国際的会計基準の解釈はいまや EU 法の解釈であり，まさに法解釈とみなされる。そのため，同基準の解釈には「多言語原則」が用いられ，英語

またはドイツ語に限らず，EUの全公用語が考慮される。また，解釈問題の判断は欧州裁判所（EuGH）に委ねられるが，同裁判所が全公用語の斟酌のもと，独自の解釈を導き出すことも考えられる。それにより，英語に由来する多くの会計概念が相対化される。すなわち，欧州裁判所がアングロサクソン的思考に従うのではなく，国際的会計基準の自律的解釈を優先させる限り，同基準に対するEUの主権的解釈が導かれる[6]。

したがって，EU法の一部としての国際的会計基準の形成は，「適法性」の論理に基づき，アングロサクソン的思考を相対化するための基点となる。

2 「資本市場指向」概念の構築

(1) IAS適用命令に基づく「資本市場指向」概念

IAS適用命令は，「国際的会計基準」の概念に加えて，「資本市場指向」概念を採用している。国際的会計基準の適用方法は，「資本市場指向」概念と密接に関連する。IAS適用命令では，国際的会計基準の適用方法をめぐって，「連結決算書」と「個別決算書」の区分に，「資本市場指向」と「非資本市場指向」の区分を重ねた「4区分のマトリックス（Vier-Felder-Matrix）」[7]が構想された。

図表1-2　IAS適用命令に基づく"4区分のマトリックス"

	連結決算書	個別決算書
資本市場指向企業	強制適用（第4条）	加盟国選択権（第5条）
非資本市場指向企業	加盟国選択権（第5条）	加盟国選択権（第5条）

（出所）筆者作成

図表1-2が示すとおり，"4区分のマトリックス"に基づき，資本市場指向企業の連結決算書に対して国際的会計基準の強制適用が統一される（網掛部分）。他

方，資本市場指向企業の個別決算書，ならびに非資本市場指向企業の連結決算書と個別決算書に対して国際的会計基準をどのように適用するかは，加盟国選択権が定められ，各国の判断に委ねられる。

(2) ドイツにおける「資本市場指向」概念の形成

「資本市場指向」と「非資本市場指向」の区分は，会社形態別もしくは規模別の区分ではない。「資本市場指向」とは，EU 域内の代表的な証券取引所のセグメント，いわゆる「規制市場」を株式等の発行を通じて利用することをいう。ドイツの場合，「組織的市場」(HGB 第264 d 条) が「規制市場」の概念に合致する。つまり，EU では国際的会計基準が強制適用となる「規制市場」とそれ以外の市場 (「非規制市場」) とが区分される。「規制市場」に認定される取引所セグメントは，EU 委員会が認定の上，毎年，EU 公報に掲載される。

ドイツにおける「資本市場指向」概念の萌芽は，KapAEG の法制化段階に遡り，その限り，EU の IAS 適用命令に先行している。とりわけ，1997年の連立政権作業部会の報告書「ドイツの魅力的な資本市場による一層の雇用創出―資本市場コンセプト―」[8] は，経済振興策の提言に向けて，そのキーワードとして「資本市場指向」概念を打ち出すものであり，KapAEG (HGB 第292 a 条：当時) の制定に大きな影響を与えた。つまり，同報告書において"4区分のマトリックス"の構想が示され，IAS (当時) および US-GAAP が該当する「国際的に認められた会計原則」の適用条項に関する具体案が提示された。

また，2004年の会計法改革法 (BilReG) により，IAS 適用命令に基づく「国際的会計基準」適用の法的枠組みが構築された。同法により，HGB 第292 a 条 (2004年に失効) の代替として第315 a 条 (当時) が新設された。それによれば，まず，資本市場指向企業の連結決算書に対して国際的会計基準が強制適用される。他方，非資本市場指向企業の連結決算書には国際的会計基準の任意適用が認められる。そして，個別決算書レベルにおいて，HGB 準拠の個別決算書の作成義務が維持されると同時に，公示 (情報) 目的に限定する形で (追加的に) 国際的会計基準の適用が認められた。つまり，国際的会計基準の利用は情報目的

に限られ，配当可能利益や課税所得の計算といった利益決定機能は，従来どおり HGB 準拠の個別決算書が担うものとされた。

　したがって，ドイツは「資本市場指向」概念を構築することで，IAS 適用命令の枠組みを利用しながら，国際的会計基準の適用範囲を「資本市場指向」向けに限定するスタンスを確保したといえる。そして，2009 年の会計法現代化法（BilMoG）では，「資本市場指向」概念が HGB 第 264 d 条に成文化され，「資本市場指向」を指標にした会計規制の差別化と，それに基づく IFRS 対応のスタンスがより鮮明になった。

3　「規制緩和」概念の構築

(1)「規制緩和」概念の形成

　「国際的会計基準」そして「資本市場指向」概念の構築に並行して，ドイツの制度改革の場面で浮上したのが「規制緩和」である。すなわち，非資本市場指向企業レベルを意識した会社規模別の段階的な負担軽減策が講じられた。

　「規制緩和」の概念は，HGB に成文化されているわけではない。ただし，同概念は，BilMoG に関する立法資料においてはっきりと確認できる。BilMoG の政府法案では次のように説明されている。

　BilMoG の目的は，規制緩和を通じてドイツ企業の負担を軽減することにある。すなわち個人商人に対して，商法上の簿記会計義務を包括的に規制緩和する。さらに，資本会社が規模別の簡素化および免除措置を利用できるよう，規模基準値を引き上げる。同時に，HGB の現代化により，商法上の個別決算書および連結決算書の情報機能を強化する。これにより新 HGB は，ドイツの中小企業に拒否される IFRS に対する，等価でしかも簡素な代替的選択肢として発展する[9]。

　このように，BilMoG の立法目的として，HGB 会計規定の「現代化」と並んで「規制緩和」が掲げられた。規制緩和は，そもそも EU の発議が前提である。その起点は，行政手続き関連コスト（以下，行政コスト）の削減に関する行動計画

（2007年）であった。EU委員会が示した同計画は，重複もしくは過剰な法規制を削減する，域内法規の"簡素化（SLIM）運動"を背景にしていた。とくに会計領域に関しては，域内の中小企業に対して，決算書の作成・公示義務の免除ないし軽減化が提案された。翌2008年には，EU委員会が"中小企業優先（think small first）"というスローガンを掲げ，中小企業レベルの会計コスト節減が最優先の政策課題とされた。

　こうした流れは，EUの新会計指令（2013年）の制定へとつながる。同指令は，既存の第4号指令（個別決算書）および第7号指令（連結決算書）を改訂の上，その統合を図るものであり，指令の改編自体が行政コスト削減の一環とされた。その意味で，新会計指令の制定は"簡素化"ならびに"中小企業優先"思考に基づく規制緩和と不可分の関係にある。

　新会計指令では，規制緩和の具体策として，およそ20％の規模基準値の引き上げが指示された。それにより，下位規模のカテゴリーに新分類される会社は，会計コスト節減の恩恵を受ける。また新会計指令において，「中小企業のためのIFRS（IFRS for SMEs）」（以下，中小企業版IFRS）の域内採用が見送られた点に注目しなければならない。その大きな理由として，中小企業版IFRSの導入が，簡素化および行政コスト削減というEUの目標に調和しない点が挙げられた。その意味で「規制緩和」は，中小企業版IFRSの否定の論理とも繋がっているのである[10]。

(2) 新会計指令へのドイツの対応

　新会計指令への対応として，ドイツにおいては，2015年に会計指令転換法（BilRUG）が制定された。BilRUGでは，とりわけ小規模資本会社に関する基準値が高められた。この点，ドイツは従来からEUの基準値修正の枠組みを最大限に利用してきたという事実がある。EUではおよそ5年ごとに規模基準値が改訂されるが，その場合，EUの水準を10％の範囲で上回ることが加盟国に認められた。それによりドイツの基準値（HGB第267条）は，許容範囲の上限まで高められた。

図表1-3　IFRSへの"適度な接近"の構図

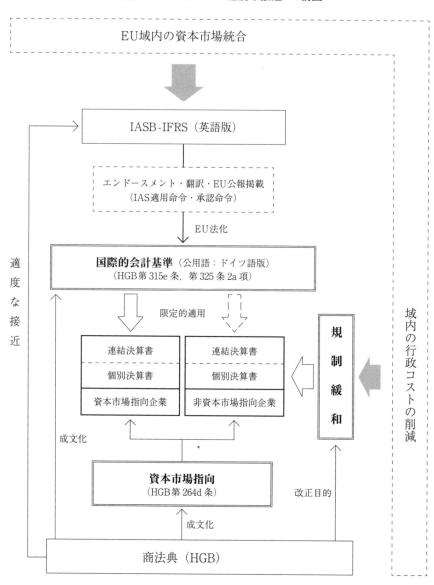

（出所）筆者作成

　BilRUGはこれに倣い，新会計指令が許容する最高値を選択し，規模基準値を引き上げた。その結果，ドイツでは7,000を超える中規模会社が小規模へ，約300の大規模会社が中規模のカテゴリーに移行するとされた[11]。

　このように，EUの新会計指令とその転換法としてのBilRUGは，中小規模の非資本市場指向企業に対する規制緩和の推進に力点がある。つまり「規制緩和」は，「資本市場指向」概念と連携することで，中小企業版IFRSの非採用も含めて，IFRSの波及を抑える役割を担うものである。

　図表1-3は，これまでの検討結果を図示したものである。図表1-3のとおり，EU域内の資本市場統合を背景に，IASBが開発するIFRS（英語版）は，エンドースメント手続き（翻訳・EU公報への掲載を含む）に基づき，EU法の一部としての「国際的会計基準」（EUの公用語：ドイツ語版）へと転化する（IFRSのEU法化）。そして「資本市場指向」概念に基づき，国際的会計基準への二元的な対応が図られると同時に，「規制緩和」を通じて，とくに非資本市場指向企業に対するIFRSの影響が排除される。これが，IFRSに向けてのHGBの"適度な接近"の構図である。

4　ドイツにおける国際的会計基準の適用状況

(1) 任意適用の実態

　以上のように，ドイツの制度的な観点からみれば，「国際的会計基準」「資本市場指向」「規制緩和」概念の相互作用のなかで，IFRSの適用とその影響範囲を限定するプロセスが生み出される。では，実務的な観点，すなわちドイツ企業による国際的会計基準の適用状況はどのようなものか。次はこの点に言及しなければならない。

　まず，IFRS（国際的会計基準）の任意適用が認められる非資本市場指向企業の連結決算書，そして公示（情報）目的の個別決算書についてである。これに関し，キュティング／ラム（Küting, K./Lam, S.）による研究は，任意適用の実態を明らかにした点で注目される。

　キュティング／ラムは，2009年度の決算書を対象に，連結決算書を公表している非資本市場指向企業2,000社を抽出し，その94.8%（1,896社）が連結決算書にHGBを適用する一方，IFRSを適用する企業の割合は5.2%（104社）にとどまることを明らかにした。さらにIFRSに準拠した（情報目的の）個別決算書を作成している企業が50社に満たない事実を指摘した。こうした分析結果は，IFRSとHGBの選択にあたり，IFRSよりもHGBが選好されていることを示すものである。つまり，任意（選択）適用の場面では，依然としてHGBの適用が支配的である[(12)]。

(2) 強制適用の実態

　次に，IFRS（国際的会計基準）の強制適用の状況である。この点に関しては，1997年から2016年度の連結決算書（2,926社）を調査したツヴィルナー（Zwirner, C.）の研究が注目される。ツヴィルナーによれば，3つの基準の選択が（当時）可能であった（資本市場指向企業の）連結決算書について，1997年度は，HGBが72.6%，IFRSが14.9%そしてUS-GAAPが12.5%というようにHGBの適用割合が高く，他方，IFRSの適用割合はUS-GAAPとほぼ同水準で低かった。しかしそれ以降，強制適用開始の2005年が近づくにつれてIFRSの適用割合が高まり，2006年度はHGBが0%となり，IFRSが91.2%，そしてUS-GAAPが8.8%となった。以後，HGB適用企業はゼロである。2016年度でいえば，HGBの適用割合は0%，IFRSが97.9%そしてUS-GAAPが2.1%であった[(13)]。

　さらに，ツヴィルナーの研究は，近年，ドイツの資本市場指向企業の数が減少している事実を指摘しており，この点はとくに興味深い。図表1-4のとおり，2007年度の段階で，ドイツの上場企業数は1,000社を超え（1,045社），そのうちの658社が「規制市場」への上場により「資本市場指向」の要件を充たしていた。しかし，その後は上場企業の数が減少傾向を示し，それに応じて2016年度の時点で，資本市場指向企業は415社になっている。これは，取引所への上場中止（Delisting），あるいは下位セグメントへの指定替え（Downlisting）を通じて，多くの企業が「規制市場」から離脱していることによる[(14)]。

図表1-4　ドイツの資本市場指向企業数の推移

年度	上場企業総数	「規制市場」への上場企業数
2007 年	1,045	658
2008 年	1,054	638
2009 年	1,025	605
2010 年	1,058	581
2011 年	999	556
2012 年	952	524
2013 年	753	484
2014 年	706	453
2015 年	662	422
2016 年	638	415

(出所) Zwirner [2017], S. 242に基づき筆者作成

　ツヴィルナーによれば，ドイツの会社総数は約360万社，そのうち110万社以上が人的会社もしくは資本会社の法形態である。決算書の公示義務を負うのは110万社，また約20万のコンツェルン（企業集団）がドイツに存在している。こうした統計を前提にすれば，415社という資本市場指向企業の数は，ドイツにおいてIFRSのマーケット（Markt für IFRS）が限られることを示している[15]。

　このようにみてくると，IFRS（国際的会計基準）は，資本市場指向企業という数の上では限られた範囲の企業にかかわるものといえる。しかも従来，資本市場指向企業の範疇にあった企業が，市場選択行動（上場中止・指定替え）を通じて「国際的会計基準」の強制適用の対象外となる傾向がみられる点に留意しなければならない。つまり，ドイツ企業による「国際的会計基準」の現実の適用場面において，近年，IFRSへの「接近」というよりは，むしろIFRSからの「離反」傾向がみてとれる。

お わ り に

　本章の目的は，「国際的会計基準」「資本市場指向」「規制緩和」という3つの

概念を整理し，その上でドイツにおけるIFRSへの“適度な接近“の構図を描き出すことにあった。

　それにより，3つの概念をキーワードに，ドイツはEUの枠組みを利用しつつ，IFRS対応に向けて二重三重の仕掛けを行っていることが明らかになった。まず，IFRS（英語版）とは区別されるべき「国際的会計基準」（EUの公用語：ドイツ語版）の適用である。すなわち2005年以降，ドイツをはじめ加盟国で通用しているのは，エンドースメントを経て承認された多言語版の国際的会計基準（EU法の一部）である。したがって，制度の観点からみれば，IFRSと「国際的会計基準」は似て非なるものであり，それに基づく“適用会計基準の限定”である。

　次に，「資本市場指向」概念を軸に“4区分のマトリックス”が形成され，資本市場指向企業の連結決算書に限り「国際的会計基準」を強制適用するという“適用対象の限定”が図られている。さらに「規制緩和」を通じて，中小企業版IFRSの非採用も含めて，非資本市場指向企業レベルへのIFRSの波及を抑える“影響範囲の限定”が行われる。つまり「国際的会計基準」「資本市場指向」「規制緩和」という3つの概念が一体となって，IFRSへの“限定的な”対応，換言すれば「緩やかな部分的接近」[(16)]を支えているのである。しかも近年，ドイツ企業の実務の場面において，IFRSへの接近というよりは，むしろIFRSから離反する傾向がみてとれる。

　以上をまとめると，ドイツは「国際的会計基準」「資本市場指向」「規制緩和」という3つの概念を制度設計のキーワードに据えることで，IFRSの純粋な“導入”とは明らかに一線を画した，“適度な接近”の道を選択しているといえる。

注
(1)　endorsementのドイツ語の相当表現として，文献ではAnerkennungまたはÜbernahmeが用いられている。
(2)　BilMoG［2008］, S. 34.
(3)　KapAEGの詳細は，稲見［2004］（第2章・第3章）を参照されたい。
(4)　EU［2002］. 正式名称は「国際的会計基準の適用に関する2002年7月19日のEU議会および理事会の命令」である。

(5)　Schön［2004］, S. 767. なお，原典からの引用の際，表現の統一のために可能な限り，IAS を IFRS, また IFRS を「国際的会計基準」という表記に置き換えている。これは本書全体にあてはまる。

(6)　Küting/Ranker［2004］, S. 2511.

(7)　PwC Deutsche Revision［2004］, S. 29.

(8)　Koalitionsarbeitsgruppe［1997］. 同報告書については，第6章で詳述する。

(9)　BilMoG［2008］, S. 1.（傍点筆者）

(10)　この点については，第8章で詳述する。

(11)　BilRUG［2015a］, S. 61.

(12)　Küting/Lam［2011］, S. 993-994.

(13)　Zwirner［2017］, S. 240-241. なお US-GAAP の適用は，経過措置により 2005 以降も一定期間容認されていた。ただし，2009 年度以降でいえば，US-GAAP の適用企業は3社に限られる。その場合，当該企業は IAS 適用命令に従うため，追加的に国際的会計基準に基づく連結決算書を作成している。

(14)(15)　Ebenda, S. 242. なお，ドイツ企業の適用会計基準に関する我が国の最近の研究として，潮﨑［2016］が挙げられる。

(16)　Baetge/Panzer/Flügel［2016］, p. 277. ベェトゲ（Baetge, J.）等によれば，IFRS と HGB 会計の重要な差異は，3つの年度決算書目的（文書記録，会計報告責任，資本維持），そして利益計算にかかわる3つの原則（実現原則，不均等原則，慎重原則）の異なる位置づけ・解釈に起因するという。ベェトゲ学説の全体像については，稲見（監訳）［2018］を参照されたい。

第2章　IFRS 対応に向けた EU の会計戦略
——エンドースメント・メカニズムの形成——

は　じ　め　に

　EUにおいては，IAS適用命令 (2002年) を軸にして，IFRS対応の法的枠組み
が構築された。その場合，IFRSは無条件に適用されるのではなく，EUの機関
による検証と承認のプロセス (エンドースメント) を経ることが要件となる。つ
まり，EUにおけるIFRS対応の大きな特徴は，IFRSを「国際的会計基準」に置
き換える仕組みを設けている点である。

　本章では，EUの一連の公的文書を考察し，「国際的会計基準」の適用に向け
た会計戦略の形成過程を跡づけたい。とりわけ，エンドースメントに焦点を当
てて，その導入案がEUの公的文書のなかで浮上し，漸次，具体化されていく過
程を描き出す。

1　「指令」による域内の会計調和化

　EUの会計戦略は，IFRSの域内採用を軸にした展開をみせたが，その前段に
は各国会社法の調和化プロセスがある。

　ローマ条約 (1958年発効) そしてマーストリヒト条約 (1993年発効) を経て，
EUは域内の市場統合を進め，その一環として会社法の調和化が試みられた。
EUの議会，理事会および委員会は，その任務の遂行のために命令 (Verordnung

; regulation) または指令 (Richtlinie ; directive) を発し，決定を行い，勧告または意見を表明することができ，それにより，EUは「命令」と「指令」という2種類の法令を軸にして会計制度改革を進めた。ここで命令とは，すべての加盟国で直接，拘束的に適用されるものであり，他方，指令は，達成すべき目標について加盟国を拘束するものの，その実現の方法および手段を加盟国に委ねるものである。したがって指令は，命令と異なり，その性格上，加盟国への転換をもって効力が生じる。

EUでは，加盟国の会社法を域内において同等にするため，その調整が目指された。そのために用いられたのが一連の指令であった[1]。1970年代から1990年代にかけて発布された指令は，次の5つである。

— 一定の法形態の会社の個別決算書に関する第4号指令 (1978年)

— 連結決算書に関する第7号指令 (1983年)

— 法定監査人の資格要件に関する第8号指令 (1984年)

— 銀行およびその他の金融機関の会計に関する指令 (1986年)

— 保険企業の会計に関する指令 (1991年)

第4号指令は，域内の資本会社に対する会計規制の基盤となり，第7号指令は，連結決算書の作成要件を中心に規定する（両指令は，2013年に新会計指令として統合）。また第8号指令は，域内の法定監査人の資格要件を定めたものである。そして残りの2つの指令は，銀行や保険といった特定業種の会計を規制するものである。

こうした一連の指令をもって，会計規制の基盤が整えられたが，指令の特徴として，ここでは2つの点を挙げておく。第一は，イギリスのEC（当時）加盟（1973年）を機に，同会社法の「真実かつ公正な概観 (true and fair view)」概念が決算書の作成原則に採用された点である（第4号および第7号指令）。

第二は，加盟国選択権が数多く含まれることである。加盟国選択権とは，「加盟国は……することが認められる」と成文化し，加盟国の裁量を認める規制方式である。これは，指令が"調和化"を目指す手段であることに起因する。すなわち，第4号指令は決算書の記載事項につき，その「比較可能性および同等

性」を確保するため，相互に異なる評価方法を“必要な範囲”で調整するもので
あった。他方，加盟国に選択の余地を与えないものが義務的規制方式であり，
「加盟国は……しなければならない」というように，規定の趣旨どおりに加盟
国を拘束するものである[2]。

　したがって，一連の「指令」の発布は，統一会社法の創設ではなく，各国会社
法の“調和化”を目指したものであり，会計の国際対応に向けた第一段階とい
うべきものであった。とくに1990年代前半までは，IFRS採用に向けた具体的
議論は確認できない。

2　EUの公的文書にみるIFRSへの接近

　国際対応の第二段階，すなわちIFRS採用を軸にした（新）会計戦略の構想は，
次に示すEU委員会の公式意見書ならびに法令（IAS適用命令）を通じて具体化
された。
　―「会計領域の調和化：国際的調和化に向けた新戦略」（1995年）
　―「金融サービス：行動大綱の策定」（1998年）
　―「金融市場大綱の転換：行動計画」（1999年）
　―「EUの会計戦略：将来の進路」（2000年）
　―「IAS適用命令」（2002年）

(1)「会計領域の調和化：国際的調和化に向けた新戦略」
　EU委員会が1995年に示した公式意見書「会計領域の調和化：国際的調和化
に向けた新戦略」（以下，「新戦略」）は，IFRS（当時はIAS）への対応という観点
からみれば，EUの将来の方向性を公式に示した点で重要な意味をもつ。「新戦
略」の要点は，IFRSの利用が拡がる状況を認めた上で，IASC（当時）の活動な
らびにIFRSへの接近を図る姿勢を明確にしたことである[3]。

　さらに，IFRSに接近する場合，その対象が連結決算書レベルに限定された点
も注目される。「新戦略」によれば，個別決算書は多くの加盟国において税務に

直接結び付くため，IFRSとEU指令の一致に関する検証作業を連結決算書に限定し，個別決算書はその枠外に置かれる(4)。

　したがって，「新戦略」の意図するところは，EU独自の新たな基準の開発に代えて，EU指令を維持しつつ，IFRS採用のための新たな道筋を示すことにあった。その場合，いわゆる"連単分離"が基本路線となった。

(2)「金融サービス：行動大綱の策定」

　EUの政策理念の解説を目的とした，1998年の公式意見書「金融サービス：行動大綱の策定」（以下，「行動大綱」）は，「新戦略」を受けて，域内企業に対するIFRSの採用に向け，EU指令とIFRSとの調整をより一層求める内容であった。「行動大綱」では，IFRSに指令を適合させることが，EUにとっての不可欠な政策課題とされた点が重要である。決算書の比較可能性向上は，統一的な会計基準に従うことが前提となるが，その場合，US-GAAPではなく，IFRSへの対応に焦点が当てられた(5)。

　ただし，この「行動大綱」では，エンドースメントに関する具体的な言及は確認できない。EU指令とIFRSの異同点の検証と，その調整の必要性が唱えられたことにとどまる(6)。

(3)「金融市場大綱の転換：行動計画」

　1999年の公式意見書「金融サービス：金融市場大綱の転換：行動計画」（以下，「行動計画」）は，先の「行動大綱」を受けて，その政策項目と実施日程を優先順に示す実施計画書であり，次のような方針が表明された。

　「金融サービス政策部会での議論は，いかにして2つの目標―比較可能な決算書と国際的基準への適合―を同時に達成し得るかという重要問題に対して答えを出した。目下，IFRSに準拠した決算書作成のオプションを企業に認めるという解決策を検討中である。決算書の比較可能性向上は，当該オプションを利用する企業にとって，国内規定とIFRSとの相違を無くすことで実現される。IFRSに準拠して作成された決算書がEUの規定と一致し，EUの利害があらゆ

る点で考慮されることを担保するために，IFRSの検証手続きが不可欠である。」[7]

　このように「行動計画」においては，決算書の比較可能性の向上，そして IFRSへの適合という，2つの目標の同時達成が宣言された。しかも注目すべき は，IFRSのエンドースメントの必要性が「行動計画」の段階で初めて浮上した 点である。

　なお「行動計画」では，一連の付表のなかで，IFRSのエンドースメントの導 入に関する記述が行われている。図表2-1は，付表の内容を抜粋したものであ り，「国際的基準の検証メカニズム」に関する提案が確認できる。

図表2-1　EUの会計戦略の実施計画

措置	優先順位	目標	担い手	期限
会計戦略の実現に向けたEU委員会の公式意見書	1	EU指令と国際的に認められた会計基準の組み合わせによる，決算書の比較可能性向上のための戦略提案。**本提案は，EUの株式会社が（各国で異なることなく）適用可能な国際的基準の検証メカニズムを定める。**	EU委員会	1999年末

(出所) Kommission der EU [1999], S. 23に基づき筆者作成

3　エンドースメント・メカニズムの形成

(1)「EUの会計戦略：将来の進路」

　資本市場の統合と，それに不可分の会計制度改革の基本方針は，1995年以降， 上述の一連の公式意見書のなかで固められた。そして，2000年に公表された公 式意見書「EUの会計戦略：将来の進路」（以下，「将来の進路」）は，IFRSの域内 採用に向けてより踏み込んだ内容となった。同意見書では，IFRSとの調整を 目指して指令の現代化を図ると同時に，2005年を目途にIFRSの採用が提案さ

れた。「将来の進路」では，次のように説明されている。

「2000年末までにEU委員会は，全上場企業に対して連結決算書を統一的な会計規定，すなわちIFRSに準拠して作成するための正式提案を行う予定である。その要請は，遅くとも2005年から拘束的となる。加盟国には追加的に，非上場企業および個別決算書に対してもIFRSの適用を拡げる選択肢を認める。さらに，同提案はIFRSの早期適用を促す経過規定を含んでいる。

また，それに加えて，EUレベルでの承認手続きを提案する予定である。

この承認手続きにより，

(i) EUにおけるIFRSへの適合が監視され，

(ii) IFRSが上場企業の会計にとって適切な基礎になることが確認される。

承認手続きの組織は，政治的および技術的レベルから成る二重構造となる。」[8]

このように「将来の進路」では，IFRSの採用に向けて，EUの利害と法的安定性を確保するためにエンドースメントの導入が唱えられた。しかもその承認機構は，政治的および技術的レベルの双方による二重構造のメカニズムとして提案された。この点，「将来の進路」では，エンドースメントの具体的な構想と，その導入理由に関する説明がある。以下，やや長い引用になるが，その全体像を示したい。

「本戦略では，EUの公益を包括的に考慮する必要がある。EUは，上場企業に対する会計規定作成の責任を国家以外の第三者に委ねることはできない。国内法の体系のなかで，所轄当局は，指揮権および組織的な構造をもつ国内機関に会計基準の設定を委ねることができる。EUにおけるIFRSのユーザーに法的安定性を与えるため，国際的基準は，EUの法的枠組みに収められる必要がある。EUの所轄当局は必要な監視を行い，IFRSに関連する不測の欠陥または問題を訂正可能でなければならない。」[9]

さらに「監視の遂行」として，次のような説明がある。

「必要な公的監視のためには，承認手続きが不可欠である。承認手続きの役割は，IFRSの内容の改訂，あるいは取替えではなく，新たなIFRSとその解釈指針の受け入れを監視することである。IFRSおよび解釈指針の重大な欠陥が

判明する，もしくは IFRS とその解釈指針が EU の環境に馴染まない場合に介入が行われる。EU に採用される IFRS は，承認手続きを経たものでなければならない。

　承認手続きの重要な役割は，IFRS が EU の全体構想と完全に一致しているかどうかを確認すること，より正確にいえば，IFRS が EU の会計指令と合致し，EU 上場企業にとって適切な会計基盤になり得るかを検証することである。もっとも，IFRS はこうした条件を充たしていると仮定すべきであろう。承認手続きは，その仮定が正しいかどうかを確認するものである。

　承認手続きの組織は，EU における充分な公的監視を担保するため，政治的および技術的レベルの双方による二重構造となる。EU 委員会は，今年（2000 年）以降のある時点で，二重構造による承認システムの制度的側面について提案を行う予定である。そこで，承認手続きの法的位置づけ，権限，組織間の関係，そして証券取引監督局の関与について言及する予定である。

　技術的レベルは，政治的レベルの統制手続きに従属する。政治的レベルによる統制は，現行のコミトロジー規定に基づくものである。技術的レベルでは，質の高い会計専門家集団が動員される。当メンバーは，EU および国際的な観点に基づく会計上の見識に応じて選任される。さらに，複雑な問題に取り組む，あるいは特定の会計基準が（とりわけ銀行，他の金融機関および保険業の）監督問題に影響するケースでは，特別な専門家集団の動員が必要となる。会計専門家は，IFRS の正確な検証だけではなく，会計基準設定プロセスのあらゆる段階，とくに初期の段階で IASB の基準設定に関与することが求められる。」[(10)]

　以上が，EU の会計戦略の具体的構想である。そして，その要点は 2 つに集約される。第一は，「行動計画」（1999 年）で提案された IFRS 採用の道筋が，2005年という期限を付して示されたことである。その場合，一方で，EU 上場企業の連結決算書に IFRS を強制適用し，他方で，それ以外の部分に対して加盟国選択権を認めることが提案された。

　第二は，IFRS を検証するためのエンドースメント・メカニズムの具体的提案が行われたことである。すなわち，IFRS が EU の法的枠組みに収められ，そ

れに基づくIFRS適用に関する法的安定性の確保が唱えられた。しかもその実施インフラとして, 政治的および技術的レベルから成る二重構造のメカニズムが提案された。

(2) IAS適用命令

「将来の進路」で表明されたEUの会計戦略は, IAS適用命令として, EU法の形で具体化された。

IAS適用命令は, 国際的会計基準を2005年から域内で適用させること, そしてエンドースメントに関する法的根拠を定めた。同命令の第3条「国際的会計基準の承認と適用」によれば, 次の3つの要件を充たす場合に, 個々のIFRS (および解釈指針) が国際的会計基準として承認される[11]。

―EU第4号・第7号指令が指示する原則 (true and fair view原則) に抵触しないこと

―EUの公益に合致すること

―理解可能性, 適切性, 信頼性および比較可能性の規準を充たす財務情報を提供すること

こうした要件に関し, EU委員会財務報告部門の長であったヒューレ (Hulle, K. V.) の説明が注目される。ヒューレによれば,「EU委員会の当初の提案には, IFRSの承認の際に遵守されるべき特別な要件は含まれていなかった。しかし, 理事会の作業部会での議論のなかで変化が生じた」[12]。つまり第3条の承認要件は, EU委員会の原案には存在せず, その後, EU理事会レベルで浮上し, 採用されたという事実である。

ここではヒューレの説明に基づき, 3つの要件を確認しておきたい。

①true and fair view原則との一致

第一の要件は, EU指令に採用されているtrue and fair view原則との一致である。ヒューレによれば, IFRSはEU指令にいうtrue and fair view原則に抵触してはならない。これは, 会計指令とのより高いレベルの一致をもたらす。ある基準を用いて, 指令の場合と同程度にtrue and fair viewが保証される場

合，それは一致しているとみなされる。指令は，例えば連結決算書の作成，公示そして監査の問題に対して，依然，補完的に適用可能である。IFRS を適用しない企業に対して，要求の多い IFRS への移行を強制することはない。IFRS の適用は，上場企業に対する追加的な要請である。

　これは，IFRS が，指令に反映した会計思考に合致する場合に適用可能なことを意味する。IFRS と指令が内容的に異なる場合，EU 委員会が IFRS をより適切な方法と考える場合にのみ IFRS は承認可能である。その場合，EU 委員会が指令の修正を提案することで，結果，良い方向に指令が改善される。true and fair view 原則に対する一般的な指示をもって，個別の IFRS との一致を細部において調査する必要がなくなる[(13)]。

　②EU の公益の確保

　第二の要件は，EU の公益の確保である。ヒューレによれば，IFRS は EU の公益に適う必要がある。この要件はより政治的な性格をもつ。こうしたコンセプトは，あらゆる利害関係者—企業，ステークホルダー，債権者—のニーズに配慮したものである。EU は，域内および世界の資本市場の利用をめぐって，同一の条件で競争できない状況に EU 企業を追い込むつもりはない。EU で適用される基準と世界的に用いられている基準との統合化を可能にすることが，EU の資本市場にとって重要である。これは IASB に対する強いメッセージである。

　とはいえ，EU の公益というコンセプトは，統合化の原理を超えるものである。IFRS に基づく方法が専門的にみて妥当であるものの，それが重大な問題をもたらす場合，当該方法は EU の公益に適うものではない。例えば，コスト・ベネフィット分析に耐えない，またはマクロ経済レベルでマイナスの影響を与える場合である。もちろん，IFRS を承認しない口実に，EU の公益という概念が利用される危険性はつねに存在する。そうした事態を回避するための最善の方法は，IASB において透明な形で IFRS が開発され，それにかかわる議論が聴取可能になることである。基準設定は実際のところ，政治活動である[(14)]。

③IASBの「概念フレームワーク」との整合性

そして第三の要件は，国際的会計基準に基づく決算書が，財務情報に求められる質的特性を備えることである。これは，IASBの「財務諸表の作成表示に関する枠組み」（以下，「概念フレームワーク」）が掲げる諸原則への適合の問題といえる。ヒューレによると，個別のIFRSは「概念フレームワーク」との一致が求められる。その場合，経済的意思決定のために必要な理解可能性，適切性，信頼性そして比較可能性の規準を充たす必要がある[15]。要するに，「概念フレームワーク」そのものはエンドースメントの対象とならないため，この要件を通じて，個別のIFRSとの整合性に配慮が行われる。

お　わ　り　に

　本章では，「国際的会計基準」適用のための必須条件として，エンドースメントの枠組みが形成される過程を跡づけた。すなわち，IFRS（および解釈指針）のエンドースメントの構想が，EUの会計戦略の形成上，どの時点で浮上し，そしてどのように具体化されたかを一次資料に基づき考察した。

　考察の結果，エンドースメントの導入案は，EU委員会の公式意見書「行動計画」（1999年）の段階で最初に浮上した点が明らかになった。その後，「将来の進路」（2000年）で，エンドースメントは政治的および技術的レベルから成る二重構造のメカニズムとしてより詳しく提案され，続くIAS適用命令（2002年）において，true and fair view原則との一致，EUの公益の確保，さらにIASBの「概念フレームワーク」との整合性という具体的な要件を盛り込んだ上で，EU法の形で実現した。

　つまり，「国際的会計基準」を形成するための枠組み，すなわちEUの利害を保証するためのエンドースメントが，IFRS対応に向けたEUの（新）会計戦略の根幹を成している点に注目しなければならない。

注
(1)　EC（当時）の会計制度調和化に関する我が国の先駆的研究として，黒田 [1989]，また
　　「会社法指令」の邦訳として，山口（編）[1984] が挙げられる。
(2)　第4号および第7号指令の特徴については，黒田 [1989] が詳しい。
(3)　Kommission der EU [1995]，S. 2. なお，1995年から2000年にかけてのEUの公的文書
　　の全体像については，川口（編）[2005] が詳しい。
(4)　Ebenda, S. 8.
(5)　Kommission der EU [1998]，S. 12.
(6)　EU指令とIFRSの検証作業の担い手は，この時点ではEU委員会に設けられる「調整委
　　員会」が想定されていた。
(7)　Kommission der EU [1999]，S. 7.（傍点筆者）
(8)　Kommission der EU [2000]，S. 2.
(9)　Ebenda, S. 8.
(10)　Ebenda, S. 8-9.
(11)　EU [2002]，S. 3. IAS適用命令へのドイツの対応については，第6章で詳述する。なお，
　　同命令に基づくEUのIFRS対応に関する先行研究として，弥永 [2005] が挙げられる。
(12)　Hulle, K. V. [2003]，S. 979. IAS適用命令（確定版）に先立つ草案（2001年）では，確定
　　版に含まれる承認要件（第3条2項）は確認できない（Kommission der EU [2001].）。
(13)(14)　Ebenda, S. 979.
(15)　Ebenda, S. 980.

第3章　EU における国際的会計基準適用の法的根拠

は　じ　め　に

　EU の会計戦略の重要な特徴は，EU の機関による検証と承認のメカニズム（エンドースメント）を通じて，IFRS を EU 法の一部である「国際的会計基準」として適用可能にする点である。

　こうした仕組みは，IAS 適用命令を軸にして成り立っている。ただし，EU における国際的会計基準適用の法的根拠という場合，それは IAS 適用命令に限らず，同命令が指示する他の関係法令や公的文書を含めて確認する必要がある。

　本章の目的は，国際的会計基準の形成メカニズム，すなわちエンドースメントの仕組みとその法的根拠を体系的に分析することである。その際，2007年から2008年にかけて実施されたエンドースメント手続きの強化策，とくに EU 議会（および理事会）の権限強化を目的とした「監視を伴う規制手続き」の導入に論究する。

1　EU における国際的会計基準の形成

(1) 国際的会計基準の概念とエンドースメントの構想

　「国際的会計基準」は，IAS 適用命令に採用されている概念である。同命令の第2条「概念規定」によれば，国際的会計基準とは，国際会計基準 (IAS) ／国際

財務報告基準 (IFRS) およびそれに対する解釈指針委員会 (SIC) ／国際財務報告解釈指針委員会 (IFRIC) の解釈指針を含む広義の概念である。IAS/IFRSならびにSIC/IFRIC解釈指針は，そのすべてが (将来の改訂版も含めて) エンドースメントの対象になる[(1)]。

　前章で明らかにしたように，EUにおけるIFRS採用戦略の萌芽は1990年代に遡る。すなわち，1995年の公式意見書「新戦略」においてIFRSへの接近姿勢が表明され，EU独自の統一基準を開発する代わりに，IFRSへの準拠を可能にするための措置が求められた。その後，こうしたEUのスタンスは，2000年の「将来の進路」において，さらに踏み込んだ内容になった。「将来の進路」の要点は，1つは，域内の市場統合を目指して，国際的会計基準の適用プランを2005年と明示したことである。そしてもう1つは，資本市場指向企業の連結決算書に国際的会計基準を強制適用させる一方，非資本市場指向企業の連結決算書，そして個別決算書に対し加盟国選択権の導入を提案したことである[(2)]。

　こうしたEUの戦略方針は，IAS適用命令という形で具体化された。同命令は，「将来の進路」の提案に従い，以下の第4条「資本市場指向企業の連結決算書」として，国際的会計基準を2005年から適用させるよう定めた。

第4条

「加盟国の国内法に服する会社は，2005年1月1日以降に始まる営業年度について，有価証券サービスに関する1993年5月10日の理事会の指令第13条1項の意味での規制市場において，そのつどの決算日に加盟国で有価証券の取引が認可されている場合，第6条2項の手続きにより承認された国際的会計基準に従って連結決算書の作成を行うものとする。」[(3)]

　この第4条により，資本市場指向企業の連結決算書に対し，域内で国際的会計基準が (統一的に) 強制適用される。他方，次の第5条「年度決算書および非資本市場指向企業にかかわる選択権」に基づき，個別決算書，そして非資本市場指向企業の連結決算書に対し，国際的会計基準の適用に関する裁量 (加盟国

選択権）が認められた。

第5条

「加盟国は次のものに対して，第6条2項の手続きにより承認された国際的会計基準に従って作成することを認めるか，または指示することができる。

　　a) 第4条の意味での会社の年度決算書

　　b) 第4条の意味での会社に該当しない会社の連結決算書および／または年度決算書」[(4)]

(2) エンドースメントの法的根拠

　IAS適用命令のさらなる特徴は，エンドースメント手続きを条文の形で具体化した点である。エンドースメントに関しては，1999年の「行動計画」において，EUの利害を考慮するために，IFRSの検証手続きが不可欠であると明言された[(5)]。さらに，翌年の「将来の進路」では，国際的会計基準の承認手続きに関し，技術的および政治的レベルから成る二重構造メカニズムの導入が提案された。それを反映した第3条「国際的会計基準の承認と適用」は，次のような内容となった。

第3条

「(1) (EU) 委員会は，第6条2項の手続きに従い，共同体内における国際的会計基準の適用可能性を決定する。

　(2) 国際的会計基準は，次のことを条件に承認される。

　―第4号指令第2条3項および第7号指令第16条3項に掲げる原則に抵触せず，EUの公益に合致し，そして

　―理解可能性，適切性，信頼性および比較可能性の規準を充たし，経済的意思決定および企業経営者の業績評価を可能にする財務情報を提供する。

　(3) 2002年12月31日までに，委員会は第6条2項の手続きに従い，本命令

の発布の際に存在する国際的会計基準の共同体内での適用可能性を決定する。

(4) 承認された国際的会計基準は，委員会命令として，共同体の全公用語により完全な形で公報に掲載される。」[6]

図表3-1　EUで承認されたIFRSと解釈指針（2005年末まで）

基準(IAS/IFRS)と解釈指針 (SIC/IFRIC)	EU委員会命令(番号)	EU公報日付
IAS 1, 2, 7, 8, 10, 11, 12, 14, 15, 16, 17, 18, 19, 20, 21, 22, 23, 24, 26, 27, 28, 29, 30, 31, 33, 34, 35, 36, 37, 38, 40, 41 号。SIC 1, 2, 3, 6, 7, 8, 9, 10, 11, 12, 13, 14, 15, 18, 19, 20, 21, 22, 23, 24, 25, 27, 28, 29, 30, 31, 32, 33 号	命令 （1725/2003）	2003年9月29日
IFRS 1 号	命令 （707/2004）	2004年4月6日
IAS 39 号	命令 （2086/2004）	2004年11月19日
IFRS 3, 4, 5 号，IAS 36, 38 号	命令 （2236/2004）	2004年12月29日
IAS 32 号および IFRIC 1 号	命令 （2237/2004）	2004年12月29日
IAS 1, 2, 8, 10, 16, 17, 21, 24, 27, 28, 31, 33, 40号	命令 （2238/2004）	2004年12月29日
IFRS 2 号	命令 （211/2005）	2005年2月4日
IFRIC 2 号	命令 （1073/2005）	2005年7月7日
改訂 IAS 39 号および SIC 12 号	命令 （1751/2005）	2005年10月25日
改訂 IAS 39 号	命令 （1864/2005）	2005年11月15日
IFRS 6 号, 改訂 IAS 19 号および IFRIC 4, 5号	命令 （1910/2005）	2005年11月8日
改訂 IAS 39 号	命令 （2106/2005）	2005年12月21日

（出所）EFRAG [2019] に基づき筆者作成

　同条から明らかなとおり，EU委員会の執行（1項）のもとで，3つの要件（2項）に照らしてIFRSの承認審査が行われる。その場合，承認を肯定されたIFRS（および解釈指針）は，その時点ではEU法の一部としての効力をもたず，別途，法令の発布が求められる。つまり，承認されたIFRS（および解釈指針）は，全公用語（24言語）に翻訳の上，EU委員会の「IAS承認命令」をもってEU公報に掲載される（4項）[7]。こうした手続きを経て，IFRSはEU法に承認された「国際的会

計基準」へと転化し，域内企業に対し拘束的となる。

　現実に，「IAS承認命令（No.1725/2003）」[8]（2003年9月）およびその修正のための「IAS承認命令の修正命令（No.707/2004）」[9]（2004年4月）をはじめとする一連の命令をもって，多くのIFRS（および解釈指針）が承認された。2005年末までに承認されたものを示せば，図表3-1のとおりである。

　このようにEUの会計戦略の特徴は，EUの利害確保を前提に，民間の基準であるIFRSをEU法の一部として承認するプロセスを組み込んだ点にある。それがエンドースメントであり，図表3-2のとおり，IAS適用命令およびIAS承認命令を法的基盤に「国際的会計基準」が形成，そして適用される仕組みになっている。

図表3-2　EUにおける国際的会計基準の形成と適用

```
┌─────────────────────┐
│   IASBにより開発        │
│     されたIFRS         │
└─────────────────────┘
          │
          ▼
┌ ─ ─ ─ ─ ─ ─ ─ ─ ─ ─ ─ ─ ┐
    IFRSのエンドースメント
│ （法的基盤：IAS適用命令，IAS承認命令）│
└ ─ ─ ─ ─ ─ ─ ─ ─ ─ ─ ─ ─ ┘
          │
          ▼
┌─────────────────────┐
│   EU法に承認された       │
│    国際的会計基準         │
└─────────────────────┘
          │
          ▼
┌─────────────────────┐
│    EU域内での適用        │
└─────────────────────┘
```

（出所）筆者作成

(3) コミトロジー手続きの適用

　また，エンドースメントの枠組みに関しては，IAS適用命令の第6条「委員会手続き」の定めが重要である。すなわち，同条の2項[10]により，いわゆるコミトロジー手続きがエンドースメントに適用される。

コミトロジーとは，特定の専門領域の規制に関し，EU委員会に大幅な施行権限を付与する仕組みであり，その構想は，EUの立法に関する4段階アプローチを提案した「ラムファルシー報告書」[11]に遡る。同報告書は，EUの金融市場規制の効率化に向けた立法手続きの改善を目指すもので，提案された4つの段階のうち，第一段階は，EU委員会の提案を経て，議会および理事会が指令または命令の枠組みを定める通常の立法手続きである。それに続く第二段階は，第一段階で整えられた枠組みのもとで，権限を委譲されたEU委員会が専門委員会の協力を得て施行細則を策定，発布するプロセスであり，これが一般にコミトロジー手続きとよばれる。そして，コミトロジー手続きを定めるのが，EUの「コミトロジー決定」[12]である。

2　エンドースメントの関与機関と手続きの強化

(1) エンドースメントの関与機関

以上のように，EUにおけるIFRSのエンドースメントは，IAS適用命令第3条および第6条，さらに第6条が指示する「コミトロジー決定」を法的根拠に，IFRS（および解釈指針）を検証・承認し，「国際的会計基準」として正式に適用可能にするプロセスである。

その場合，エンドースメントには手続き上，様々な機関が関与する。それは，EU委員会を筆頭に，民間組織の「欧州財務報告諮問グループ（EFRAG）」そして公的組織の「会計規制委員会（ARC）」である。これは前述の「将来の進路」（2000年）で提唱された，技術的および政治的レベルから成る二重構造メカニズムを具体化したものであり，いわばハイブリッドな承認メカニズム[13]をとっている点に特徴がある。

エンドースメントは，「事前手続き」と「本手続き」に分かれる[14]。「事前手続き」とは，IFRS（および解釈指針）の承認判断に関し，EU委員会に対してEFRAGが助言するプロセスといえる。EFRAGの任務は，IFRSの可決後2か月以内に，EU委員会に対して承認の賛否に関する勧告を行うことである。こ

のEFRAGとEU委員会の協働関係は，「EU委員会とEFRAGの作業合意」[15]
（2006年3月）で定められた。

　他方，エンドースメントの「本手続き」は，ARCの協力のもとで，EU委員会
がIFRSの承認提案を確定することをもって始まる。これは，ARCがEU委員
会を支援する旨[16]を定めるIAS適用命令第6条1項に基づくプロセスである。
その場合，ARCが3か月以内に承認提案に賛同すると，EU委員会による「執行
段階」で，IFRSの承認が肯定されたとみなされる。

(2) SARGの創設

　EU委員会を軸にEFRAGとARCが関与するハイブリッドな承認メカニズ
ムは，「基準承認勧告審査グループ（SARG）」の創設により補強された。すなわ
ち，2006年7月のEU委員会決定[17]，それに続く同年12月の決定[18]をもって，
SARGのメンバー7名が任命された。

　メンバーの確定に伴い2007年に始動したSARGは，IASBとの情報交換に加
え，EFRAGの承認勧告の妥当性に関し，とくに公平性および客観性の観点か
ら審査する「適切な制度インフラ」[19]としての役割が求められた。手続き上は，
EFRAGからEU委員会に承認勧告が提出されると，SARGに承認勧告が転送さ
れ，それに対してSARGは3〜4週間以内に意見書を作成する。SARGの意見
書を受け取った後，EU委員会はARCに承認提案を行う。つまりSARGの設置
は，エンドースメントの「事前手続き」の拡張を意味する。

(3) コミトロジー決定の修正

　SARGの設置は，エンドースメントの「事前手続き」にかかわるものであり，
他方，「本手続き」においても，重要な修正が加えられた。

　IFRSの承認提案をEU委員会が確定することをもって，エンドースメントの
「本手続き」が始まるが，特徴的なのは，IAS適用命令第6条で前掲の「コミトロ
ジー決定」が指示されている点である。「コミトロジー決定」は，EU委員会によ
る施行権限の行使に関し，「諮問手続き」（第3条），「運営手続き」（第4条），「規

制手続き」(第5条)の3種類の様式を定めていた[20]。そしてエンドースメント
には, 三番目の「規制手続き」(第5条)が適用されていた。ところが, 2006年7
月の「コミトロジー決定の修正のための理事会決定」[21]を通じて修正が加えら
れ, 新たに第四の様式として, EUの議会・理事会の監督権限の強化を企図し
た「監視を伴う規制手続き」(第5a条)が追加された。

この「コミトロジー決定」の修正に対応して, IAS適用命令も改正された。す
なわち, 従来の「規制手続き」(第5条)に代えて, 「監視を伴う規制手続き」(第
5a条)の導入を定める必要が生じた。そのために発布されたのが, 「IAS適用命
令の修正命令」[22](2008年)である。それに基づき, 従来の第3条1項および第6
条2項が修正され[23], エンドースメントに対し, 新たに「監視を伴う規制手続
き」が2008年4月から有効となった。

(4) EU議会および理事会の監視機能の強化

エンドースメントの「本手続き」は, 「監視を伴う規制手続き」の導入に伴い,
2つの段階に明確に区分された。第一は「執行段階」であり, そして第二は「監
視段階」とよぶべきものである[24]。前者の「執行段階」は, 委譲された権限を
EU委員会が行使する段階, すなわちIFRSの適用可能性を認め, ARCの審査を
経て承認提案を確定するプロセスである。後者の「監視段階」は, EU委員会の
承認提案がEU議会ならびに理事会に提出されることで始動する段階であり,
EU委員会の承認提案に対し, 議会・理事会の監視機能が発揮される場面とい
える。つまり, 承認手続きへの議会の積極的関与の道筋を開き, 理事会と併せ
てその監督権限を強化することを目指した, 改革の新しい局面である。これに
より, EU議会・理事会は原則3か月以内に, IFRSの承認提案を①EU委員会の
執行権限を逸脱する, ②IAS適用命令の目標に反する, または③EUの補完性
原理または均衡性原理に調和しない, と判断した場合に否認することが可能に
なる。その場合, 議会と理事会の権限は同等とされ, 両者のいずれかが異議
(議会は絶対多数, 理事会は特別多数の表決)を唱えた場合, EU委員会の承認提
案は否認される[25]。

　なお，2008年から有効となったエンドースメントの新手続きを示したものが図表3-3である。図表3-3のとおり，IFRS（および解釈指針）はEU委員会の執行のもとで，EFRAG, SARG（新設），ARCそしてEUの議会・理事会（監視機能の強化）といった様々な機関による検証・承認，さらには翻訳・公表のプロセスを経て，最終的に「国際的会計基準」へと転化する。

図表3-3　IFRSの（新）エンドースメント手続き

事前手続き	**欧州財務報告諮問グループ（EFRAG）** IFRS（および解釈指針）の承認勧告 **基準承認勧告審査グループ（SARG）〈新設〉** 公平性・客観性の観点からEFRAGの承認勧告を検証
本手続き（執行段階）	**EU委員会** IFRS（および解釈指針）の承認提案 **会計規制委員会（ARC）** （提案を）承認　／　否認
本手続き（監視段階）	**EU議会・理事会〈監視機能の強化〉** 以下の理由をもって否認が可能： ―承認提案がEU委員会の執行権限を逸脱する ―承認提案がIAS適用命令の目標に反する ―承認提案が補完性原理または均衡性原理に調和しない 承認　／　議会または理事会が否認
	全公用語への翻訳と EU公報掲載
	（EU法に承認された） 国際的会計基準

（出所）Baetge/Kirsch/Thiele [2017a], S. 66に基づき筆者作成

(5) エンドースメントの強化に関するドイツ連邦議会の要請

　ところで，エンドースメント手続きの強化に関しては，2004年の時点でドイツの連邦議会が強く要請していた。

　2004年10月の連邦議会決議「ドイツにおける国際的会計基準の適用を適切かつ透明な形で発展させる」によれば，「IFRSは民主的正統性のないIASBにより開発される」[26] ものであり，そうした「民間機関の基準を法拘束的にするには，基準設定プロセスにおいて公的および民主的統制が求められる。そのためには，―EUレベルおよび国内レベルの―議会の影響力行使が保証されなければならない。」[27] しかも，IFRSは絶えず変化するため，議会の影響力行使は不断のものでなければならない[28]，と主張された。

　そして連邦議会は，連邦政府に対して次の2点を要請した。1つは，IASBにおける基準設定およびEUレベルでのIFRSの承認手続きの際，他の加盟国そしてEU委員会と協力して，多様な利害関係者の充分な関与ならびにEU議会の影響力を確保すること，そしてもう1つは，IAS適用命令の修正（エンドースメント改革）に関する諮問の際，EU議会の影響力が強まるのかどうかを検証することである[29]。

　このことからわかるように，国際的会計基準の適用開始（2005年）を目前にして，エンドースメント手続きの強化がドイツで求められていた。

(6) エンドースメントの強化に関するEU議会の要請

　その後，EUレベルでも，ドイツ連邦議会に同調する形で，EU議会の経済・通貨委員会から「IFRSおよびIASBのガバナンスに関する報告書」（2008年2月）が出された。同報告書は，ラートヴァン（Radwan, A.）を長とすることからラートヴァン報告書ともよばれるが，そこでは①IASBのガバナンスの強化，②エンドースメント手続きにおけるEU議会の監視機能の強化，③中小企業版IFRSの域内導入の否定，という3つの観点からEU議会の要求がまとめられた[30]。

　ラートヴァン報告書によると，まず民間機関のIASBは不透明で，民主的統制が欠けている。例えば，どのように作業計画が立てられ，任務が遂行され，

どのような基準でメンバーが選ばれ，そしてどのような方法で関係者の利害を
考慮するのか，といった点が明確ではない。加えて，IASBが企業からの任意の
出資，特定の職業団体の寄付により支援される点にも疑問符がつくという[31]。

　また同報告書によれば，エンドースメント手続きはIFRSに対してのみ有効
である一方，中小企業版IFRSはその対象とならず，同基準の採用には新たな
法的根拠が必要になる[32]。そして，エンドースメントの改革に鑑み，EU議会
がIFRSの承認手続きにより深く関与すること，さらにEU議会がIFRSの策定
作業の進捗について随時，情報を入手可能にすることが要請された[33]。

　こうしたラートヴァン報告書と，先のドイツ連邦議会の主張は，エンドース
メントにあたり，これまで以上に議会の影響力を強化するという点で一致して
いた。そして，その主張は，前述の「監視を伴う規制手続き」の導入という形で
現実化した。すなわち，ドイツ連邦議会とラートヴァン報告書（EU議会）の要
請に沿う形でIAS適用命令が修正され，エンドースメント手続きにおいて，EU
議会（および理事会）がその監視機能を発揮するための道筋が開かれた[34]。

お　わ　り　に

　以上，EUにおける国際的会計基準の形成メカニズム，すなわちエンドース
メントの仕組みとその法的根拠に焦点を当てた考察を試みた。

　EUの会計戦略の特徴は，EUの利害確保のため，IFRS（および解釈指針）を
EU法に承認された「国際的会計基準」へと転化させるプロセスを設けている点
である。それがエンドースメントであり，IAS適用命令をはじめ様々な法令等
により，IFRSをEUのレベルで検証し，承認された基準に対し法的規範性を付
与する仕組みになっている。

　また，2007年から2008年にかけて実行されたエンドースメント手続きの強
化策，とくに「監視を伴う規制手続き」の導入によるEU議会・理事会の監督
権限の強化が，改革の新しい局面であった。エンドースメントは，EU委員会
の執行のもとで，技術的レベル（民間組織のEFRAG）と政治的レベル（公的組織

のARC)の検証機関が関与する，ハイブリッド型の構造が基本である。これに，EFRAGの承認勧告を審査するSARGが新たに組み込まれ，また，EU議会・理事会に従前以上の監督権限が与えられた。その意味で，「国際的会計基準」の形成に向けたエンドースメントの枠組みは，正統性付与の観点からみて，手続き上，より強化されたといえる。しかも，こうした改革の背景にEU議会（ラートヴァン報告書）ならびにドイツ連邦議会の強い要請があった点を見逃してはならない。

注
(1)　EU［2002］, S. 3. なお，IASBの「概念フレームワーク」は，エンドースメントの対象とならない。
(2)　Kommission der EU［1995］ならびにKommission der EU［2000］.
(3) (4)　EU［2002］, S. 3. この場合，「年度決算書」と「個別決算書」は同義である。
(5)　Kommission der EU［1999］, S. 7.
(6)　EU［2002］, S. 3. なお，2項の承認要件に関しては第2章を参照。
(7)　IFRS（および解釈指針）のEU公報への掲載に際し，著作権の問題を考慮して，EU委員会はIASC財団（当時）と協定を締結した。その内容は，IFRSがEU公報に掲載された場合にただちに同財団が著作権を放棄するというものである（Hulle［2003］, S. 980.）。
(8)　EU［2003c］. この初回のエンドースメントは，EFRAGによる2002年6月19日の勧告，そしてARCによる2003年7月16日付の承認を経た。
(9)　EU［2004a］. なお，承認されたIFRS（および解釈指針）の最新情報は，EFRAG［2019］で提供されている。また，個別のIFRSにつき，エンドースメントによりその全部または一部が否認されることをカーブアウト（適用除外）という。その例は，IAS第39号「金融商品：認識および測定」の公正価値オプションとヘッジ会計にかかわる部分であった。
(10)　EU［2002］, S. 3-4. 第6条2項（改訂以前）は，「本項が援用される場合，理事会決定（1999/468/EC）の第5条および第7条が，第8条を遵守した上で適用される」と規定していた。
(11)　The Committee of wise men［2001］. 正式名称は「欧州証券市場規制に関する賢人委員会の最終報告書」である。
(12)　EU［1999b］, S. 23-26. 正式名称は「EU委員会に委ねられた施行権限行使の方法確定に関する1999年6月28日の理事会決定（1999/468/EC）」である。
(13)　Kirchner［2005］, S. 203.
(14)　この区分は，Inwinkl［2007］, S. 291に依拠している。
(15)　EFRAG［2006］.
(16)　EU［2002］, S. 3.
(17)　EU［2006d］, S. 33-35.
(18)　EU［2006e］.
(19)　EU［2006c］, S. 33.

(20)　EU［1999b］, S. 24-25.

(21)　EU［2006d］. 正式名称は「EU委員会に委ねられた施行権限行使の方法確定に関する理事会決定の修正のための2006年7月14日の理事会決定（2006/512/EC）」である。

(22)　EU［2008］. 正式名称は「EU委員会に委ねられた施行権限にかかわる国際的会計基準の適用に関する命令の修正のための2008年3月11日のEU議会および理事会の命令」である。

(23)　Ebenda, S. 62. 新第3条1項は次のとおりである。「（EU）委員会は共同体における国際的会計基準の適用可能性を決定する。本命令の第6条2項に掲げる監視を伴う規制手続きに従い, 補完をもって, 本命令の主要でない規定の修正措置が施される。」また, 第6条3項の削除とともに, 2項が改正され, 次のような条文となった。「本項が援用される場合, 理事会決定（1999/468/EC）の第5a条1項から4項そして第7条が, 第8条の遵守のもとで適用される。」

(24)　Lanfermann/Röhricht［2008］, S. 826.

(25)　Ebenda, S. 827.

(26)　Deutscher Bundestag［2004］, S. 1.

(27)(28)　Ebenda, S. 3.

(29)　Ebenda, S. 4.

(30)　Parlament der EU［2008a］. ラートヴァンは, ドイツのキリスト教社会同盟（CSU）の議員であり, 2008年までEU議会の経済政策担当委員を務めた。なお, 同報告書の内容はその後, 同年4月24日付で正式にEU議会の決議として承認された（Parlament der EU［2008b］）。

(31)　Ebenda, S. 15.

(32)(33)　Ebenda, S. 19.

(34)　ただし, エンドースメント改革に伴い, 手続きがより長期化することや, いわゆるカーブアウトが増加することに対する懸念が, 文献上で表明された（例えば, Inwinkl［2007］, S. 295 および Knorr/Buchheim/Schmidt［2008］, S. 341.）。

第4章　国際的会計基準の法的側面をめぐるドイツの議論

は　じ　め　に

　IFRSは，エンドースメントを経て，法的側面を有する「国際的会計基準」へと転化する。その場合，国際的会計基準の解釈方法が重要な論点となる。なぜなら，国際的会計基準がEU法の一部となる場合，その適用にあたり“適法性”の観点に基づく解釈問題が浮上するからである。

　本章では，こうした“IFRSのEU法化”という事態に対し，ドイツの専門誌に連携して発表された2つの有力な所説を取り上げる。1つは，IFRSの解釈をめぐる裁判所の権限に言及したシェーン（Schön, W.）の見解であり，もう1つは，シェーンの主張を受けて，国際的会計基準に対するEUならびにドイツ固有の解釈方法の採用を唱えたキュティング／ランカー（Küting, K./Ranker, D.）の見解である。これら所説の検討を通じて，EU域内で通用する国際的会計基準の法的側面とその含意を明らかにしたい。

1　国際的会計基準の法的側面

(1) IFRSの解釈に対する裁判所の権限

　IFRSがEU法の一部とみなされる場合，その適用にあたり，適法性の観点に基づく解釈方法が重要になる。この論点にかかわって，シェーンは「IFRSの解

釈に対する裁判所の権限」[(1)]と題する論稿において，ドイツの裁判所と欧州裁判所がIFRSの解釈問題に対する決定権限を有する点に言及している。

シェーンは，IFRSがEU法の枠組みに包摂され，法的拘束力を備えることを次のように指摘する。すなわち，IAS適用命令に基づくエンドースメントにより，IFRSは，承認された国際的会計基準としてEU法に転換され，その解釈指針とともに法的性質を獲得する。その結果，IFRSは拘束力のない民間機関の勧告という性格を捨て，ヨーロッパ法上の強制力を帯びる[(2)]。

このように，"IFRSのEU法化"に伴う法的側面に光を当てるのがシェーンの所説の大きな特徴である。そして次に問題とするのは，国際的会計基準の解釈に対し，EUとドイツの裁判所が決定権限を有するのか否かである。

まずシェーンは，ドイツの裁判所の権限を次のように肯定する。ドイツの裁判所は，IAS適用命令そして（EU委員会の）IAS承認命令の解釈に取り組む機会を頻繁にもつことになる。なぜなら，IAS適用命令第3条2項に反し，また国際的会計基準に合致しない連結決算書は，「瑕疵がある」とみなされるからである[(3)]。

さらにEUのレベルでは，欧州裁判所の権限が論点となる。この点，シェーンは欧州裁判所の権限も肯定する。シェーンによれば，欧州裁判所は「EU機関の行為の有効性および解釈」について判断する。そのためIAS適用命令およびIAS承認命令の解釈についても判断可能である。欧州裁判所は，第4号指令の解釈をめぐる係争に対して先決的判決を下してきた。IAS適用命令により国際的会計基準が適用される場合，欧州裁判所の権限はより高まる[(4)]。つまり，EU法の一般原理に基づき，加盟国の裁判所との協働のもとで，欧州裁判所が国際的会計基準の解釈に対して権限をもつ[(5)]。

このように，シェーンの見解は，欧州裁判所とドイツの裁判所がともに国際的会計基準の解釈問題にかかわることを明確に主張するものである。しかも，こうした裁判所の解釈任務は，憲法上の観点からも確認できるという。シェーンによれば，係争をめぐる法律の解釈義務は，憲法上，裁判所に課される。そのため，ドイツの裁判所は国際的会計基準の解釈任務から逃れられない。欧州

裁判所もまた同様である[6]。その根拠は，ヨーロッパの法秩序へのIFRSの「承認」に基づいており，同基準の法的拘束力の発生に伴い，憲法に即した裁判所の法的コントロールが必要となる[7]。

　以上，シェーンがまず指摘したのは，加盟国（ドイツ）の裁判所と欧州裁判所が，国際的会計基準の解釈問題に対して，その決定権限を有する点であった。

(2) IAS適用命令に基づく解釈

　さらにシェーンは，EU法に対して，長年にわたり欧州裁判所が支配的解釈を開発してきた事実を確認し[8]，次のように続ける。欧州裁判所による解釈は，EU法の目的および体系，また（多言語による）文言に関連づけたものである。他方，規定の成立史はそれほど重要ではない。各国固有の法秩序に基づく特定の規準もしくは表現の起源はおよそ無視できる。そのため，国際的会計基準に対する一面的な，アングロサクソン的解釈は適切とはいえない[9]。

　そしてシェーンは，欧州裁判所と加盟国の裁判所が，国際的会計基準の解釈にあたりどのような原理に基づくべきかを問題にする。シェーンは，IAS適用命令の第3条が重要な指針になるとして，次のように述べる。

　EU法へのIFRSの「承認」は，IAS適用命令第3条の要件を充たす場合に限られる。すなわち，企業の財産，財務および収益状態に関する適切な写像（true and fair view）が与えられ，EUの公益に反せず，かつ決算書が理解可能性，適切性，信頼性および比較可能性を充たす場合である。こうした要件は，IFRSの「承認」の際にとどまらず，継続的解釈にも適用される。国際的会計基準をめぐる係争で解釈に2つの選択肢がある場合，管轄の裁判所は，いずれの選択肢が同条の要件に合致するのか判断する必要がある。双方の解釈がともに調和する場合は，いずれの解釈がIAS適用命令第3条の目標に「より近い」ものかを判断しなければならない[10]。同条が掲げるヨーロッパ会計の基本原理が保証される場合に，国際的会計基準への「関門」が開かれる[11]。

(3) シェーンの所説の要点

　最後にシェーンの所説は，次のような結論で締めくくられる。すなわち，EU法の文脈のもとで，一方では，国内およびEUの裁判所に権限が与えられ，そして他方では，国際的会計基準の解釈にあたり「適法性」という大陸ヨーロッパの伝統を実現する「制度的コルセット」が設けられる[12]。

　繰り返し述べるように，IFRSは無条件に域内で通用せず，エンドースメントを経ることが要件になる。この点に着目して，シェーンはエンドースメントにより承認されたIFRS，すなわち「国際的会計基準」の法的側面に光を当て，裁判所の決定権限を肯定すると同時に，"適法性"の観点に基づく解釈の必要性を説いた。ここに，シェーンの所説の大きな特徴がある。

2　国際的会計基準の解釈の特殊性

(1) 国際的会計基準の解釈の特殊性

　シェーンの見解は，国際的会計基準の法的側面に起因して，その解釈問題の決定権限が，欧州裁判所ならびにドイツの裁判所に備わることを確認するものであった。

　こうしたシェーンの見解を踏まえて，以下で検討するキュティング／ランカーの所説は，EUの枠組みに相応する法的な解釈方法に論究するものである。すなわち，キュティング／ランカーは，「EUの二次法として承認されたIFRSの解釈傾向」[13]と題する論稿において，国際的会計基準の解釈の特殊性に言及したのである。

　まず，キュティング／ランカーは，「国際的会計基準は，直接的効力を有するEU法として対象企業を拘束する」[14]とし，その上で，解釈の基本的前提について次のように述べる。「国際的会計基準の解釈は，いまやEU法の解釈，すなわち法解釈である。そのため，同基準の法解釈に有効な手段が求められる。」[15]

　このように，国際的会計基準の解釈は法解釈の次元であり，その具体的方法を確立することが論点とされる。その場合に明らかにすべきは，「ドイツおよ

びヨーロッパの法体系において，国際的会計基準がいかなる法的地位を獲得するのか」[16]という点である。この点に関し，キュティング／ランカーは次のように述べる。「IAS適用命令でもって，IFRSの性格は根本的に変化し」[17]，「エンドースメントに基づき，IFRSは民間の基準設定主体の勧告としての性格を捨て去り，EUの二次法となる。」[18]つまりシェーンと同じく，キュティング／ランカーの場合も"IFRSのEU法化"という観点が議論の前提になっている。しかもその場合，国際的会計基準は"EUの二次法"とみなされる[19]。

(2) 国際的会計基準の法解釈

　国際的会計基準の法解釈に関し，キュティング／ランカーはまず，EUが採用する「多言語原則」の適用を唱える。「欧州裁判所によるEUの二次法の解釈は，ある部分，国内法の解釈と異なる。EU法に対しては多言語原則が適用される。」[20]つまり英語やドイツ語に焦点が当たるのではなく，解釈の際，全公用語が考慮されなければならない[21]。IFRSが英語で開発されるとはいえ，国際的会計基準はEUの二次法としての法的効力を得るため，すべての公用語において同一の意味をもつ[22]。その場合，判断主体が欧州裁判所であることについて，キュティング／ランカーは次のように唱える。欧州裁判所は今後，国際的会計基準の解釈にあたり，すべての公用語の斟酌のもと，独立的解釈を優先させることができる。こうしたシナリオにより，アングロサクソン型の特徴をもつ多くの概念が，EUの枠組みのなかで相対化される[23]。

　さらにキュティング／ランカーは，欧州裁判所がアングロサクソン的思考に従わず，独立的かつ自律的解釈を優先する限り，国際的会計基準に対するヨーロッパの主権的解釈が導かれる[24]，と主張する。また，それにより「欧州裁判所が他の基準設定機関およびロビーイング団体の干渉を受けない，ヨーロッパ固有の独立した解釈機関たる地位を確立する」[25]としている。

　こうしてキュティング／ランカーは，国際的会計基準の解釈に際し，英語といった単一言語に焦点を当てるのではなく，多言語原則に基づくヨーロッパ固有の法解釈の実践を強調する。それを要件にして，欧州裁判所がその判断主体

としての確固たる地位を得るという。

(3) 新解釈機関としての連邦金融監督庁 (BaFin)

さらにキュティング／ランカーは，国際的会計基準の解釈権限を有し得るドイツの新たな機関を指摘する。それは，決算書の順法性監視（エンフォースメント）の役割を担う連邦金融監督庁 (BaFin) である。キュティング／ランカーによれば，欧州裁判所と並んで，ドイツのBaFinが国際的会計基準に対する新たな解釈機関となる。会計統制法 (BilKoG) 案によると，BaFinはエンフォースメントの第二段階における統制部局であり，事実上，新たな解釈機関となり得る。エンフォースメント手続きによる瑕疵の公表まで，欧州裁判所の先決的判決が利用されることはない。そのため，BaFinは瑕疵の公表時点まで，国際的会計基準を解釈しうる唯一の機関となる。したがって，国際的会計基準の解釈に関する新たな衝撃がドイツで走るのは時間の問題かもしれない。ただし，ドイツが解釈に独自の否定的立場を示した場合，それがヨーロッパレベルでどの程度受け入れられるのか，現時点では定かでない[26]。

こうしてキュティング／ランカーは，裁判所に加えて，エンフォースメントの場面でBaFinが国際的会計基準を解釈する機会を得，そこからドイツ固有の論理が導かれる可能性を指摘したのである。

(4) キュティング／ランカーの所説の要点

以上のように，キュティング／ランカーの見解の特徴は，国際的会計基準を"EUの二次法"と位置づけた上で，すべての公用語を斟酌する多言語原則など，EUの枠組みに相応する固有の解釈方法の採用を唱えた点にある。また，欧州裁判所以外に，ドイツのレベルで，BaFinが国際的会計基準の解釈機関になり得ることを指摘した点も注目される。すなわち，"IFRSのEU法化"に伴うドイツ流の解釈が，BaFinを介して定着する可能性を示したのである。

なお，シェーンおよびキュティング／ランカーの所説の要点をまとめたものが図表4-1である。図表4-1のとおり，国際的会計基準のEU法的側面に基づき，

その適用をめぐる法係争そしてエンフォースメントの場面で，裁判所（欧州裁判所とドイツの裁判所：連邦通常裁判所（BGH），連邦財政裁判所（BFH）），ならびにBaFinによる独自解釈の道筋が開かれる。

図表4-1　国際的会計基準の解釈機関

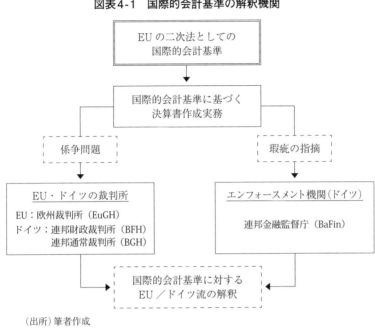

(出所) 筆者作成

お　わ　り　に

　本章では，「国際的会計基準」の法的側面に言及したドイツの所説を取り上げ，その内容を検討した。

　IAS適用命令により，2005年以降，EUにおけるIFRSの位置づけは大きく変化したといえる。なぜならIFRSは，エンドースメントに基づきEU法の一部としての国際的会計基準へと転化するからである。シェーンならびにキュティング／ランカーの所説に共通するのは，こうした"IFRSのEU法化"という側面

に光を当てている点である[27]。すなわち，シェーンは，国際的会計基準の解釈
に対する欧州裁判所とドイツの裁判所の決定権限を指摘し，そしてキュティン
グ／ランカーは，国際的会計基準の法解釈をめぐってEUおよびドイツ固有の
方法の採用を唱えた。その場合，両説に通底するのは，国際的会計基準の法的
側面が，アングロサクソン的思考を限定するための"制度的コルセット"にな
るという認識である。

　つまりEUにおいては，IFRSを「国際的会計基準」に置き換え，法の網をかけ
ることで，アングロサクソン的思考を相対化するための道筋が開かれている。
換言すれば，IFRSをEU法の体系に収め，"適法性"の観点に基づく解釈を要求
するところにEU（そして加盟国ドイツ）のIFRS対応の際立った特徴があり，法
的性質を有するか否か，そして英語版か公用語（多言語）版かという点で，IFRS
と「国際的会計基準」は似て非なるものである。

注
(1)　　Schön [2004].
(2)(3)　Ebenda, S. 763.（傍点筆者）
(4)(5)　Ebenda, S. 764. またシェーンによれば，SIC/IFRICの解釈指針がエンドースメント
　　　　を経た場合には，当該指針も拘束力を備えるため，それに対する裁判所の決定権限が
　　　　生じる。
(6)(7)　Ebenda, S. 765.
(8)(9)　Ebenda, S. 766.
(10)(11)(12)　Ebenda, S. 767.
(13)　　Küting/Ranker [2004].
(14)(15)(16)(17)　Ebenda, S. 2510.
(18)　Ebenda, S. 2511.
(19)　EU法は，EUの基本条約たる一次法，一次法を根拠に発布される二次法（命令や指令な
　　　ど），そして裁判所の判例の3つに分類される。
(20)(21)(22)(23)(24)(25)　Ebenda, S. 2511.
(26)　Ebenda, S. 2514. 原典に即して「会計統制法（案）」と訳出しているが，会計統制法
　　　（BilKoG）は2004年に成立した。同法に基づくエンフォースメントのメカニズムについ
　　　ては第6章で言及する。
(27)　同種の議論を展開しているものとして，例えば，Hauck/Prinz [2005] が挙げられる。

第5章 「資本市場指向」概念に基づくEUのIFRS対応

は　じ　め　に

　ドイツでは，IFRSへの対応にあたり，「資本市場指向」概念が重要な役割を果たしている。すなわち「資本市場指向」と「非資本市場指向」の切り分けに基づき，二元的なIFRS対応の枠組みが構築され，資本市場指向企業レベルでIFRSへの接近を図る一方，非資本市場指向企業に対してIFRSの影響を遠ざける形で制度改革が進んでいる。

　こうしたドイツの対応は，IAS適用命令を中心にしたEUの枠組みを前提としている。しかしながら，IFRS対応に向けたEUの制度改革について，「資本市場指向」と「非資本市場指向」の線引きという観点から体系的に分析した研究は，我が国では確認できない。本章の目的は，EUの制度改革の場面で「資本市場指向」概念がどのような役割を果たしているのか，その点に論究することである。

1　"4区分のマトリックス"に基づくIFRS対応

　すでに明らかにしたように，EUにおけるIFRS対応の第一の特徴は，"IFRSのEU法化"に向けたエンドースメント・メカニズムが構築されていることである。つまり，EU域内で通用するIFRSは，正確にいえば，エンドースメント

を経て承認された「国際的会計基準」である。そして第二の特徴は，国際的会計基準の適用方法をめぐって，企業の「資本市場指向」と「非資本市場指向」の区分に，「連結決算書」と「個別決算書」の区分を交えた"4区分のマトリックス"が構想されている点である。

　第1章（図表1-2）で示したとおり，EUでは，資本市場指向企業の連結決算書に国際的会計基準が強制適用される。他方，同企業の個別決算書，さらに非資本市場指向企業の連結決算書と個別決算書に対して，国際的会計基準をどのように適用させるかは，各国の判断に委ねられる（加盟国選択権）。つまりEUにおいては，国際的会計基準が統一的に（強制）適用される領域と，加盟国の判断に委ねられる領域とが明確に区分されている[(1)]。

2　EUにおける「資本市場指向」概念の形成

　国際的会計基準はEUの公用語，すなわち加盟国の言語に翻訳の上，域内で適用される。同様に，IAS適用命令も全公用語で発布されている。「資本市場指向」と「非資本市場指向」の概念は，IAS適用命令のドイツ語版に採用されているものである[(2)]。

　同命令の第4条「資本市場指向企業の連結決算書」によれば，国際的会計基準が強制適用されるのは，「加盟国の規制市場において有価証券の取引が認可されている」企業である。つまり，「規制市場」を利用している企業が資本市場指向企業とみなされる。「規制市場」の概念は，有価証券サービス指令[(3)]（1993年）の第1条13項に定義された。それによれば，「規制市場」とは上場認可，そして市場で取引可能な金融商品にかかわる要件が，管轄当局により発布もしくは許可された規定に定められ，かつ正しく機能している市場である。「規制市場」に該当する域内の市場セグメントは，EU委員会による認定のもとで，EU公報に掲載される。そこでは，認定された市場，運営組織，そして管轄当局の名称が加盟国別に掲載される。例えば，ドイツで「規制市場」と認定されるのは，ベルリン，デュッセルドルフ，フランクフルト，ハンブルク，ハノーファー，ミュン

ヘン，そしてシュトットガルトの証券取引所における市場セグメントである[(4)]。

　このように，EUにおいては「規制市場」とその他の市場（「非規制市場」）の区分のもとで，「規制市場の利用」を指標に「資本市場指向」の認定が行われる。その限り，「資本市場指向企業」と「非資本市場指向企業」の区分は，会社形態もしくは規模別の区分ではない。しかも「非資本市場指向」概念は，「資本市場指向」概念の設定に伴う副次的な概念といえる。これは「非規制市場」の概念にもあてはまる。

　EU委員会の公式意見書「行動計画」(1999年)では，域内における決算書の比較可能性の向上ならびにIFRSへの適応という，2つの目標を同時達成するための戦略方針が示された。その一環として，IAS適用命令に続き，2004年に透明性指令[(5)]が制定された。透明性指令の目的は，域内企業の継続開示にかかわる規定の現代化を図ることであり，その第1条を通じて，同指令の適用対象が「加盟国の規制市場において有価証券の取引が認可されている」企業，すなわち資本市場指向企業である点が明確にされた。

　また，「資本市場指向」の認定には，「規制市場」の他に「有価証券」の概念も重要である。同概念に関し，IAS適用命令で説明はないが，他方，透明性指令で定義されている。それによれば，「有価証券」とは，有価証券サービス指令第4条に掲げられる，株式や負債証券等，資本市場で取引可能な証券類である[(6)]。

図表5-1　IAS適用命令と透明性指令の連携

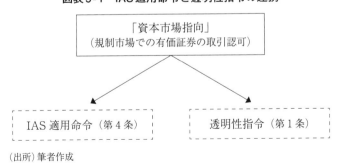

(出所)筆者作成

こうしてIAS適用命令と透明性指令は,「規制市場での有価証券の取引認可」という「資本市場指向」概念のもとで連携し（図表5-1）,国際的会計基準適用の法的枠組みを構成する。国際的会計基準の強制適用が始まった2005年時点で,その対象となる資本市場指向企業は,域内全体で約7,000社と見積もられた[7]。

3　エンドースメントの強化に関する改革

(1) エンドースメントのメカニズム

EUにおけるIFRS対応の際立った特徴は,IASBにより開発されるIFRS（英語版）をEU法の一部としての「国際的会計基準」（公用語：多言語版）に転化させるプロセス（エンドースメント）を組み込んでいる点である。こうしたエンドースメントによる"IFRSのEU法化",すなわちIFRSをEU法の一部として承認し,適用可能にする点がEUの会計戦略の根幹を成しており,その法的基盤はIAS適用命令を中心に構成される。また,エンドースメント手続きには様々な機関が関与し,EU委員会の執行のもとでEFRAGとARCが配置される,技術的および政治的レベルから成る二重構造になっている。

こうしたエンドースメント・メカニズムは,2007年から2008年にかけて,手続き上より強化された。その基点はEU議会のラートヴァン報告書であった。同報告書を受けて,エンドースメントに関し,新たに「監視を伴う規制手続き」を導入するための改革が行われた。すなわち,EFRAGとARCのハイブリッド型の検証機構に,EFRAGの承認勧告の審査を目的とするSARGが加わり,さらにEU議会・理事会に従前以上の監督権限が与えられた。つまり,EU議会・理事会がその監視機能を発揮する局面を設けることを軸に,エンドースメント手続きが強化された[8]。

(2) エンドースメントの新たな改革案

ただし,エンドースメント改革の試みはそれにとどまらない。メイシュタット（Maystadt, P.）を長として2013年に作成された報告書「国際的会計基準の形

成に対する EU の貢献の強化に対するミッション─IFRS をより『ヨーロッパ
化』すべきか？─」[9]（以下，メイシュタット報告書）は，とくに EFRAG の改革を
通じてエンドースメントのメカニズムを強化し，IFRS の設定の場面で EU の影
響力を強めることを提案するものであった。会計基準の形成は EU の利害にか
かわる問題であり，IFRS に対する EU の存在感をどのように高め，そして財務
報告・会計の分野で EU のガバナンスをいかに向上させるかが同報告書の問題
意識であった[10]。

　メイシュタット報告書の提案の骨子は，次の3つである[11]。

　─ 域内市場における IFRS の採用を継続の上，EU にとって最適な「国際的会
　　計基準」を用いることができるように，エンドースメント・メカニズムを
　　より効果的かつ確固たるものに改革する。

　─ エンドースメントに関し，IFRS（および解釈指針）の基準ごとの承認手続
　　き（standard by standard adoption procedure）を維持する。その際，EU 委
　　員会と EFRAG による承認判断に際し，慎重原則の重視，そして EU の公
　　益をより考慮できるような形で（IAS 適用命令第3条にいう）承認規準の見
　　直しを図る。

　─ EFRAG の活動に関し，EU 議会および ARC に対するより早期の情報提供，
　　いわゆる早期警戒システム（early warning system）の確立を目指す。

　こうしたエンドースメントの強化に向けて，メイシュタット報告書が重視し
たのは EFRAG の改革である。すなわち，EFRAG の組織と活動内容の見直し
を通じて EFRAG の権限を高め，EU の代表機関として，IFRS の設定に深く関
与することが目指された。

　以上，EU の一連の動きをみる限り，エンドースメントという，IFRS を EU に
取り込む際の制度的フィルターの強化が目指されていることがわかる。つまり
エンドースメントは，資本市場指向企業レベルでの IFRS への接近の必須条件
であり，ここでも「資本市場指向」概念が改革の鍵になっている。

4 EU の新たな指令と中小企業版 IFRS

(1) EU の新会計指令の要点

2013年に発効した新会計指令は、第4号指令 (1978年) と第7号指令 (1983年) の内容を改訂の上、1つの会計指令として統合するものである。新会計指令の発効に基づき両指令が廃止された。

新会計指令の重要な目的として、非資本市場指向企業の会計負担の軽減化を意味する「規制緩和」の推進がある。つまり、新会計指令では資本市場指向企業レベルでの IFRS 対応というよりは、むしろ IFRS の対象外となる非資本市場指向企業のための制度設計、いわゆる"非資本市場指向の会計制度改革"に力点が置かれた。

新会計指令は、規制緩和の柱として、規模基準値の引き上げを加盟国に要請した。すなわち、およそ20％の基準値の引き上げが指示され、中規模資本会社については加盟国に統一的な規模基準値、そして小規模資本会社については、加盟国が選択できる基準値の範囲が定められた。これにより、域内の非資本市場指向企業に対して、決算書の作成等にかかわる義務的範囲が縮小された。

また、新会計指令に先立ち、EU では2012年にミクロ指令が制定された。同指令は、新会計指令と同様、域内企業の競争能力向上を念頭に置いた法規の"簡素化"そして"中小企業優先"のスローガンに基づく制度改革の一環である。ミクロ指令は、従来の大・中・小規模の3区分から、小規模の下に新たに最小規模企業のカテゴリーを設けた4区分への移行を図り、該当企業に対し、貸借対照表・損益計算書の簡略化や、附属説明書の作成免除等を認める権利を加盟国に与えた。

したがって、ミクロ指令や新会計指令をみる限り、非資本市場指向企業の負担軽減を目指すところに力点が置かれている。つまり、「資本市場指向」と「非資本市場指向」の線引きのもとで、非資本市場指向企業レベルを対象とした、規模別の段階的な規制緩和が進んでいる[12]。その限り、非資本市場指向企業

レベルに IFRS の適用を促す措置は確認できない。

(2) 中小企業版 IFRS への対応

　非資本市場指向企業レベルでの重要な論点は，IFRS の簡略版といえる中小企業版 IFRS への対応である。EU では資本市場指向企業レベルにおいて，エンドースメントを前提にした IFRS への接近が図られるが，他方，非資本市場指向企業レベルに中小企業版 IFRS を導入すべきか否かという議論もある。中小企業版 IFRS 自体はエンドースメントの対象にならないため，同基準の導入には EU レベルでの新たな法的根拠が求められる。

　ただし，中小企業版 IFRS の域内導入については，EU 議会のラートヴァン報告書 (2008 年) の段階で否定的見解が示されていた。同報告書は次のように説明している。

　IASB は，中小企業版 IFRS をどのような企業に適用すべきか，またそうでない企業はどのようなものかを明らかにしていない。中小企業版 IFRS の適用の判断は，民主的に保証された機関に委ねられる必要がある。問題は，IASB が中小企業の多様な形態を考慮しつつ，簡素な基準を作成するための専門的知識を有しているかどうかである。さらに，誰が IASB に中小企業版 IFRS の提案任務を認めているのかも不明確である。そもそも，そうした基準が必要なのか，誰がそれを必要としているのかという問題である。したがって，中小企業版 IFRS の強制もしくは任意適用は，民主的プロセスをないがしろにし，立法者の立場を無視するものといえよう。いくつかの加盟国が中小企業版 IFRS の適用を決定すれば，域内市場が分断され，EU 全体の中小企業向け会計基準の障害になるかもしれない。EU 議会の見解は，域内の中小企業が中小企業版 IFRS を必要としていないという点で，当初から一貫している[13]。

　このように EU の議会レベルで，中小企業版 IFRS の導入に否定的な見解が示された。そして，そのスタンスは新会計指令にも引き継がれた。新会計指令の草案 (2011 年) では，次のように説明された。

　1 つの選択肢として，EU が中小企業版 IFRS を採用し，その適用を義務づけ

ることがテーマになったが，議論に参加した行政当局の間で意見が分かれた。
その結果，中小企業版IFRSのような新基準の導入は，簡素化および行政コス
トの削減という目的に沿わないという結論に至った。中小企業版IFRSは比較
的新しいものであるため，世界的にみればその導入事例は少ない。中小企業版
IFRSの義務的導入が本指令で定められることはない。利用期間の適切な見積
りが困難な営業権またはのれんの償却といった，指令案と中小企業版IFRSと
の相違は，中小企業版IFRSの明示的かつ完全な導入が困難なことを示すもの
である[14]。

　このように，中小企業版IFRSの採用に関しては，新会計指令の草案段階で否
定的見解が示された。同指令の確定版においても，中小企業版IFRSの適用条
項は存在せず，現時点で中小企業版IFRS導入の立法計画は確認できない。EU
法規の簡素化や規制緩和（行政コストの削減）の目標に反すること，さらに中小
企業版IFRSの基本思考が多くの加盟国に馴染まないというのが大きな理由で
ある。EUは非資本市場指向企業の会計に関し，その優遇策を含めた独自の政
策を打ち出しており，その一環として，中小企業版IFRSも含めて，IFRSの影
響を可能な限り限定する措置が講じられているのである。

お　わ　り　に

　本章で明らかにしたように，「資本市場指向」概念に基づく"4区分のマト
リックス"は，EUにおけるIFRS対応の見取り図の役割を果たしている。すな
わち，EUでは「資本市場指向」概念の形成を通じて，エンドースメントを経た
「国際的会計基準」の統一的適用を資本市場指向企業（の連結決算書）レベルに限
定し，その枠のなかでIFRSへの接近を図るスタンスが貫かれている。他方，非
資本市場指向企業レベルに対し，IFRSの影響を遠ざける形で制度改革が進め
られている。近年のミクロ指令や新会計指令，さらにメイシュタット報告書等
においては，こうした「資本市場指向」の切り分けに基づく，IFRSへの二元的
対応のスタンスがより鮮明な形で表れている[15]。

　つまり「資本市場指向」概念は，IFRSの域内採用の論理になると同時に，他方で，IFRSの影響を限定するための論理として二重の役割を果たしているといえよう。換言すれば，EUにおけるIFRSへの対応は，"接近"と"離反"という2つの異なる側面を包含するものであり，それを支えているのが「資本市場指向」概念である。

注
(1)　「連結決算書」と「個別決算書」の領域が区分される最大の理由は，多くの加盟国において，個別決算書が配当可能利益や課税所得算定の基礎として用いられる点にある。この点に関しては，川口編［2005］が詳しい。
(2)　EU［2002］，S. 3. 英語版ではpublicly traded companiesならびにnon publicly traded companiesと表記されている。
(3)　EU［1993］.
(4)　EU［2010］，S. 11.
(5)　EU［2004c］，S. 42. 正式名称は「規制市場で有価証券の取引が認可されている発行体にかかわる情報の透明化要請の調和化に関する2004年12月15日のEU議会および理事会の指令」である。
(6)　Ebenda, S. 43.
(7)　Hulle［2003］，S. 43. 他方，その大多数が非資本市場指向企業とみなされる域内の中小企業は，およそ2,300万社とされる（Bibel［2008］，S. 81.）。
(8)　詳しくは第3章を参照されたい。
(9)　Maystadt［2013］. メイシュタットは，ベルギーの経済および財務大臣，そして欧州投資銀行の総裁を歴任した政治家であり，EU委員会の特別顧問に任命された。
(10)　Kommission der EU［2013］，S. 1.
(11)　メイシュタット報告書の要点は，Fischer［2013］が詳しい。
(12)　ミクロ指令および新会計指令については，第8章で詳述する。
(13)　Parlament der EU［2008a］，S. 20-21. 中小企業版IFRSは2009年に確定されたが，ラートヴァン報告書は2007年の公開草案を対象にしていた。同報告書では，例えば，中小企業版IFRSが頻繁に改訂されることに対する強い懸念が示された。
(14)　Kommission der EU［2011］，S. 9.
(15)　なお，EU経済の長期的ファイナンスに関するEU委員会の公式意見書（2014年3月）においても，IFRSへの慎重な対応のスタンスが示されている。そこで論点とされたのは，①金融商品の公正価値評価を定めるIFRS第9号（改訂版）の承認問題，②「概念フレームワーク」への慎重原則の導入案，③IFRSの承認規準（IAS適用命令第3条）の見直し，④中小企業に対する連結決算書作成規定の簡素化ならびに会計指令を補完する独自の（中小企業）会計基準の形成である（Kommission der EU［2014］，S. 17-18.）。

第6章 「資本市場指向」概念に基づくドイツのIFRS対応

は じ め に

　本章の目的は，ドイツのレベルで「資本市場指向」概念がどのように形成され，そしてどのような役割を果たしているのか，この点について論究することである。

　結論的にいえば，「資本市場指向」概念は，EUのレベルと同様，ドイツにおいても国際的会計基準の適用場面で重要な鍵を握るものである。すなわち，同概念を軸にした制度設計が行われ，IFRSへの"適度な接近"が図られる。その場合，"4区分のマトリックス"を見取り図に，国際的会計基準の利用を資本市場向けに収れんさせ，その枠のなかで，会計基準選択に関する"最大限の柔軟性"をドイツ企業に認めている。

　以下では，「資本市場指向」と「非資本市場指向」の線引きという観点から，ドイツにおける国際的会計基準の適用条項の形成過程を跡づける。

1　ドイツにおける「資本市場指向」概念の形成

　ドイツにおいては，1990年代から「国際的に認められた会計原則」[(1)]，そして2005年以降は「国際的会計基準」への対応が制度改革の論点になった。1998年の資本調達容易化法（KapAEG）は，HGB第292a条（新設）により，IAS（当時）

ならびにUS-GAAPを「国際的に認められた会計原則」と位置づけ，当該基準に従った連結決算書の作成を認めた。これは，以前から資本市場向けに任意でIAS（またはUS-GAAP）を適用していたドイツ企業の実務対応を支援する点に狙いがあった[2]。その意味で，KapAEGは「資本市場」を意識した制度改革の起点といえる。

KapAEGの制定に大きな影響を与えたのが，連立政権作業部会の報告書「ドイツの魅力的な資本市場による一層の雇用創出—資本市場コンセプト—」[3]（1997年11月）である。同報告書は，当時の連立政権（キリスト教民主／社会同盟：CDU/CSUおよび自由民主党：FDP）の主導により，資本市場改革の指針としてまとめられた。

報告書の総論部分にあたる「グローバルな『資本市場構造』の発展」では，「グローバルな世界経済において，競争能力のある製品および労働市場に加え，国際的に魅力のある資本市場を有する場所だけが，投資家を引き寄せ，新規雇用を生み出す」[4]と記され，「ドイツの資本市場を国際的にみて魅力的かつ競争能力に富むものにする」[5]ことが最大の目標に掲げられる。そして，こうした市場の確立のためには，さらなる情報提供，透明性の向上，規制緩和等が必要であり，とりわけ会計分野が改革の重点領域とされた。

さらに報告書は，ドイツの資本市場が，市場指向および競争指向というには程遠く，しかも透明性が欠けているとし[6]，国際資本市場への対応に関し，次のように述べている。「国際的にみれば現在，さまざまな会計制度が存在する。各国の制度はとくに透明度の点で異なっている。（中略）国際的に普及しているのはアングロサクソン諸国の会計原則である。それは『ベンチマーク』とみなされており，資本市場指向の（コンツェルン）企業のための『選択肢』という意味で，アングロサクソン的基準に対するドイツ会計の速やかな開放を目指す必要がある。ただし，それ以外の企業にこれを強制するものではない。」[7]

そして，報告書は次のような具体案を提示する。「ドイツのコンツェルンは，ドイツ法の要求を顧みることなく，必要な範囲でUS-GAAPまたはIASへの準拠が可能になる。こうした選択権は，とくに国際的に活動するコンツェルンに

必要な裁量の余地を与える。とはいえ，国内のみを指向する中規模企業に過大な要求を行うものではない。」[(8)]「この選択権の利用範囲をより拡げるため，今後の（KapAEGの）立法手続きにおいて，外国の資本市場という限定を取引所上場のコンツェルンにまで緩和すべきである。」[(9)]

　以上のように，報告書「資本市場コンセプト」で注目すべき点は，資本市場指向企業とそれ以外の企業（非資本市場指向企業）を区分の上，資本市場指向企業に対象を限定して，国際基準もしくはアングロサクソン的基準への速やかな対応を提案した点である。具体的には，法案での「外国の資本市場の利用」という要件の緩和が要請された。そしてこの提案が現実に立法に反映された。すなわち，KapAEG による HGB 第292a条（確定版）においては，「外国の資本市場」という限定が外され，「取引所上場企業」と新たに表現された。つまり，国内，国外を問わず，すべてのドイツ上場（親）企業にまで対象が拡げられた。第292a条1項の条文を確認すれば，次のような内容となった。

第292a条

「(1) **コンツェルンの親企業である取引所上場企業**は，2項の要件に合致する連結決算書および連結状況報告書を作成し，かつそれを第325条，第328条に従いドイツ語およびマルクで公示しているときには，本節の規定に基づく連結決算書および連結状況報告書を作成する必要はない。作成を免除される書類を公示する場合，ドイツ法に基づき作成されていない連結決算書および連結状況報告書であることが明示的に指摘されなければならない。」[(10)]

　同条の創設に関して，連邦議会法務委員会の決議勧告では次のように説明された。

　法務委員会の見解は，外国の資本市場を利用する企業にのみ免責措置を有効にするというものではない。外国の資本市場に限定すれば，国内の資本市場の利用にとどまるドイツ親企業は免責措置を利用できない。しかし，同企業も，

国際的に比較可能な情報に対する外国の資金提供者の要求に応えるため，国際的に認められた会計原則に従い連結決算書を作成する必要がある。取引所上場にあたり，ドイツ企業と，国際基準による連結決算書を提出可能な外国企業とが，国内の取引所で競合する点に配慮しなければならない[(11)]。

こうして，当初の「外国の資本市場」という限定が外され，その結果，国内のみの上場にとどまる企業であっても「国際的に認められた会計原則」への準拠が可能になった。その意味で，報告書「資本市場コンセプト」は，「資本市場指向」概念を前面に打ち出し，KapAEG（第292a条）の形成に大きな影響を与えたという点で，ドイツのIFRS対応にとって非常に重要な文書であった。

2 2000年の改正による新第292a条

ただし，KapAEGによる「取引所上場」という要件に対しては，当初から批判もあった。非上場の場合も，資本市場の利用を望む企業に配慮すべきであり，「取引所上場」という要件はまだ狭いとされた。

連邦法務省はこれに速やかに反応し，資本会社 & Co. 指令法（KapCoRiLiG）の法制化の途上で，1999年5月10日の公聴会，ならびに同月14日の通達を通じて第292a条の適用範囲に関するさらなる拡張案を示した[(12)]。この一連の過程で，第292a条に関して2つの修正が加えられた。1つは，「取引所上場企業」という表現が，「有価証券（有価証券取引法第2条1項1文）を通じて組織的市場（同法第2条5項）を利用する企業」に置き換えられた点である。そしてもう1つは，「取引の認可申請中でも適用可能」とされた点である。新たな条文を確認すれば，次のようである。

（新）第292a条

「(1) **有価証券取引法第2条5項の意味での組織的市場を，当該企業もしくはその子企業により発行された，有価証券取引法第2条1項1文の意味での有価証券を通じて利用する企業は，2項の要件に合致する連結決算書および**

連結状況報告書を作成し，かつそれを第325条，第328条に従いドイツ語およびマルクで公示しているときには，本節の規定に基づく連結決算書および連結状況報告書を作成する必要はない。**1文は，組織的市場での取引の認可申請が行われた場合にも適用される。**作成を免除される書類を公示する場合，ドイツ法に基づき作成されていない連結決算書および連結状況報告書であることが明示的に指摘されなければならない。」[(13)]

　この修正の理由に関し，KapCoRiLiG の政府法案では次のように説明された。
　「第292a条の修正は，今後，その他の非上場企業もまた『国際的な』―国内法から離脱した―連結決算書が作成可能になるという意味である。その要件は，同企業が有価証券取引法第2条5項にいう規制された資本市場を利用することである。『組織的市場』とは，国家に認められた部門により規制され，監督され，定期に開かれ，公衆が直接および間接的に参加できる市場である。資本市場の利用は，組織的市場での取引のために，有価証券取引法第2条1項1文の意味での有価証券の認可を通じて行われる。この場合，有価証券取引の認可申請が行われたことで充分である。これにより，―とくに該当企業が何度も主張してきたように―国際的に認められた会計原則に準拠した連結決算書に対し，組織的市場を利用する機関投資家の期待が高まっている状況が配慮される。」[(14)]
　こうして第292a条が修正され，「国際的に認められた会計原則」への準拠という選択肢が，「取引所上場」の枠を超えて認められた。つまり，KapCoRiLiG は「組織的市場を利用する企業」，すなわち「資本市場指向企業」の概念設定を通じて，第292a条の適用範囲を拡大させたのである。その場合，認可申請段階の企業もその対象に含められた。したがって，当初の「上場」という要件の緩和と同時に，「市場の利用」をメルクマールにした「資本市場指向」と「非資本市場指向」の線引きへと，会計規制の差別化戦略がより鮮明になった。

3 EU の IAS 適用命令へのドイツの対応

　KapCoRiLiG 制定の後，ドイツではEUのIAS適用命令 (2002年)への対応が議論の焦点となった。同命令により，資本市場指向企業の連結決算書以外の部分で，国際的会計基準の適用方法に関する加盟国選択権が認められた。

　同基準の適用に向けて，2003年2月に連邦法務省と連邦財務省が共同で発表した「企業の清廉性および投資家保護強化のための連邦政府の措置一覧」(以下，「措置一覧」)では，次のように提案された。「国際的会計基準は資本市場指向企業の連結決算書を超えて，非資本市場指向企業の連結決算書，さらには情報目的に限定して個別決算書に対しても適用される。」[(15)]具体的には，図表6-1に示すとおり，IAS適用命令による強制適用の領域に加えて，非資本市場指向企業の連結決算書には任意で，さらに個別決算書レベルについても，一定の要件のもとで，同基準の適用を認めることが提案された (網掛部分)。

図表6-1　「措置一覧」に基づく国際的会計基準の適用

	連結決算書	個別決算書
資本市場指向企業	強制適用	適用可能性[注]
非資本市場指向企業	任意適用	適用可能性[注]

注) HGB準拠の個別決算書を作成の上，別途，公示 (情報) 目的に限定して国際的会計基準の適用が可能。
(出所) 筆者作成

4　BilReG による国際的会計基準の適用条項

　こうした「措置一覧」の提案は，2004年の会計法改革法 (BilReG) を通じて具体化された。BilReGは，とくにIAS適用命令への対応にあたり，HGBや開示法さらにHGB施行法など多くの法律の改正を指示した[(16)]。

　IAS 適用命令により，2005 年以降，資本市場指向企業の連結決算書に国際的会計基準が強制適用される。ただし，IAS 適用命令に抵触しない（もしくは許容される）限り，その対象範囲を拡大ないし制限することは可能であった。すなわち，一方で国際的会計基準の強制適用の範囲を拡大し，他方で一定の企業に対して国際的会計基準の適用を延期することができた。その判断の指針は，BilReG 政府法案によれば，国際的会計基準適用の選択の幅，すなわち"最大限の柔軟性（größtemögliche Flexibilität）"を認めることであった。それは，次のように説明された。

　本法案は，連邦政府の「措置一覧」に従い，連結決算書における国際的会計基準の適用に関する包括的な選択権を定めている。国際的会計基準の強制適用は，IAS 適用命令の範囲を超えて，規制市場における有価証券取引の認可申請段階の企業にも定められる。この方法で，これまで HGB 第 292a 条に従い，国際的基準による連結会計を選択できた企業に対して，投資家の情報ニーズに応える形で国際的会計基準が強制適用される。それ以外の，すなわち連結決算書の作成義務を負う中規模以上のコンツェルン親企業は，従来の法律の域を超えて，取引相手に国際的会計基準による連結決算書を呈示することが可能になる。また，IAS 適用命令の第 9 条によれば，加盟国は一定の資本市場指向企業に対して，国際的会計基準の強制適用を 2 年間延期することができる。この経過規定は，（株式とは異なる）負債証券を発行するか，もしくは IAS 適用命令の発布以前から EU 域外の国—とくにアメリカ—で，上場目的のために US-GAAP に準拠している企業に適用される。本法案はこの選択権を完全に行使する。この点でも，本法案は企業サイドに最大限の柔軟性を与えるものである[(17)]。

　このように BilReG は，「資本市場指向」の線引きによる差別化戦略を踏襲しつつ，ドイツの企業サイドに"最大限の柔軟性"を認めるものであった。つまり，第 315a 条を新設し，「国際的に認められた会計原則」（第 292a 条）から「国際的会計基準」（第 315a 条）への移行を図ると同時に，その適用範囲を，IAS 適用命令以上に拡げた。HGB 第 315a 条（現在は第 315e 条）を確認すれば，次のような内容となった。

第315a条

「(1) 第1款の規定に基づき連結決算書の作成義務を負う親企業が，そのつど通用している国際的会計基準の適用に関する2002年7月19日のEU議会および理事会の命令の第4条に従い，当該命令の第2条，第3条および第6条により承認された国際的会計基準の適用義務を有する場合，第2款から第8款までの規定のうち，第244条および第245条との関連においてのみ第294条3項，第298条1項，さらに第313条2項から4項，第314条1項4号，6号，8号および9号，ならびに第9款の規定，そして連結決算書および連結状況報告書に関連する本節以外の規定を適用しなければならない。

(2) 1項に該当しない親企業が，そのつど貸借対照表基準日までに，有価証券取引法第2条5項の意味での組織的市場での取引のために有価証券取引法第2条1項1文の意味での有価証券の認可申請を国内で行った場合，そこに掲げられた国際的会計基準および諸規定に基づき連結決算書を作成しなければならない。

(3) 1項もしくは2項に該当しない親企業は，1項に掲げられた国際的会計基準および諸規定に基づき連結決算書を作成することが認められる。この選択権を利用する企業は，1項に掲げられた基準および諸規定に完全に準拠しなければならない。」[18]

この第315a条の創設に関して，政府法案では次のように説明されている。

第315a条は，IAS適用命令を補完すると同時に，国際的基準による連結会計の新たな法的枠組みを形成する。HGB第292a条は，有価証券の発行体として規制市場に上場，もしくはその認可申請段階の親企業に対して，国際的に認められた会計原則に基づく連結決算書の作成を容認している。コンツェルンに属する（子）企業が発行体となる場合にも同じ措置が認められる。新規定に伴い第292a条が削除される。IAS適用命令でもって，2005年から国際的会計基準がEUの資本市場指向企業の連結決算書に強制適用されるが，その範囲は，HGB第292a条よりも狭い。IAS適用命令の第4条によれば，コンツェルンの親

企業が有価証券の発行体として上場する場合に限定される。ただし，同命令第5条は，国際的会計基準の適用をその他の企業の連結決算書に許容するか，または強制するオプションを加盟国に認めている。HGB第315a条でもって，最大限の柔軟性が企業に与えられるよう，当該オプションが行使される⁽¹⁹⁾。

　さらに，第315a条に関し，次のような追加的説明がある。

　第315a条1項は，連結決算書の作成義務を有し，かつIAS適用命令に従い連結決算書に国際的会計基準を強制適用する企業に対する定めである。同命令によれば，これはEUの規制市場において有価証券取引が認可されているすべての連結決算書作成企業のことである。2項は，―IAS適用命令の範囲を超える―国際的会計基準の適用を定めている。それは，規制市場での有価証券取引の認可申請段階のケースに対してである。3項は，非資本市場指向の―正確には，IAS適用命令もしくは2項の対象外となる―親企業に対して，連結決算書をHGBではなく，国際的会計基準に準拠して作成することを認めるものである⁽²⁰⁾。

図表6-2　BilReGによる国際的会計基準の適用

	連結決算書 （HGB 第315a 条）	個別決算書 （HGB 第325条2a項）
資本市場指向企業	国際的会計基準^(注1)	HGB^(注3)
非資本市場指向企業	HGB／国際的会計基準^(注2)	HGB^(注3)

注1) 強制適用（2年間猶予の経過措置を含む）
注2) 任意適用
注3) 大規模資本会社（HGB第267条3項）は，HGB準拠の個別決算書を作成の上，別途，公示（情報）目的に限定して国際的会計基準の適用が可能。

（出所）筆者作成

　以上のように，BilReGによるIAS適用命令への対応は，連邦政府の「措置一覧」の提案に重なることは明らかである。HGB第315a条の導入に伴い，第292a条が失効したが，第292a条に基づく対象企業の範囲はIAS適用命令より

広いものであった。それを維持するため，BilReGでは，IAS適用命令の範囲を超えて，認可申請段階の企業にまで強制適用を定めた（図表6-2の網掛部分）。そして図表6-2のとおり"最大限の柔軟性"，すなわち基準選択の幅を拡げるため，資本市場指向企業の連結決算書以外の領域にも国際的会計基準の適用を容認した。

他方，個別決算書レベルについて，同法案は次のように説明している。

IAS適用命令の第5条により，加盟国は，国際的会計基準に基づく個別決算書の作成を企業に認めるか，もしくは強制することができる。本法案は，その選択権を行使するものではないが，しかし，企業に最大限の柔軟性を保証する規定を設けている。本法案は，年度決算書（個別決算書）に対して国際的会計基準の適用を強制するものではない。大規模資本会社に対して，年度決算書とは区別される，情報目的に資する個別決算書に国際的会計基準の適用を認めるものである。HGB準拠の年度決算書は，会社法上の資本維持および配当計算，企業収益課税さらに特定の産業部門，とりわけ信用機関および保険企業の国家的監督のために，今後も一貫して要求される[21]。

このように，個別決算書レベルでも"最大限の柔軟性"をキーワードに国際的会計基準の適用を認めた点がBilReGの注目すべき特徴であった。ただし，それにより，HGB準拠の個別決算書の作成が不要とされたわけではない。配当可能利益／課税所得算定のために，HGB個別決算書の作成を義務づけると同時に，別途，情報目的に限定する形で国際的会計基準の適用を容認するものであった。こうした判断の理由は，政府法案で次のように説明されている。

連邦政府の「措置一覧」では，個別決算書における国際的会計基準の適用を情報目的に限定し，それ以外の目的のために伝統的なHGB個別決算書を保持することが公にされた。本法案はこの方針に従う。こうした限定的容認の理由は，IFRSでは対応できない，個別決算書の異質の目標設定にある。IFRSによる決算書は情報目的に有益との評価があるが，（ドイツの）個別決算書は情報目的以外に，配当計算の基礎（株式法第57条3項，第58条4項），また税務上の利益計算の基礎（所得税法第5条1項1文）として用いられる。

　しかし，IFRS による決算書は，配当計算の基礎として適切とはいえない。その理由は，IFRS では―情報目的の一貫した追求のため―公正価値の思考が強調され，未実現利益が―しかも多くが損益作用的に―計上されることにある。情報目的に限れば，未実現利益の計上に意義があるかもしれないが，他方，持分所有者に未実現利益を配当することの意義は見当たらない。

　同じく，IFRS が課税の基礎になることも適切とはいえない。担税力に基づく課税原則に相応しない利益が見越計上され，矛盾がもたらされる。しかも決定的なのは，IFRS が私的機関，すなわち IASB により開発されることである。そのため，国内の税に関する立法者がその権限を部分的にも放棄し，私的機関に委ねるようなことは想定できない。また，IFRS による年ごとに振幅の大きい利益は，適切な課税基礎となりえない。納税者は税負担，そして国庫は収入の安定性に関心を寄せ，それらの予測の確実性を求めるからである[(22)]。

　こうした説明からわかるように，個別決算書レベルでの国際的会計基準の適用はきわめて限定的である。したがって，IAS 適用命令が定める加盟国選択権を忠実に行使したものではなく，HGB 個別決算書の公示に代える形で，国際的会計基準の適用を認める点が特徴的である。その限り，非資本市場指向企業の連結決算書に対する「任意適用」とは明らかに意味が異なる。つまり，連結決算書には国際的会計基準，個別決算書には HGB という形式的な"連単分離"ではなく，（資本市場向けの）情報機能と利益決定機能を切り離す形での，機能分化を前提にした"連単分離"といえる[(23)]。

　以上，KapAEG から KapCoRiLiG，そして BilReG へとつながるドイツの IFRS 対応の特徴は，「資本市場指向」概念の形成を通じて資本市場向けに限定し，その枠のなかで"最大限の柔軟性"をキーワードに，国際的会計基準適用の選択肢を拡げる点にあった。

5　BilMoG による「資本市場指向」概念の成文化

　これまでみてきたように，EU のレベルと同様，ドイツにおいても「資本市場

指向」概念が重要な役割を果たしている。すなわち,「資本市場指向」と「非資本市場指向」の切り分けに基づき,「国際的に認められた会計原則」または「国際的会計基準」の適用のための法的根拠 (HGB第292a条, 第315a条) が一連の制度改革の過程で形成された。

ただし,「資本市場指向」概念自体は,従来からHGBに成文化されていたわけではない。これを実現させたのが2009年の会計法現代化法 (BilMoG) であった。BilMoGは第264d条の新設をもって「資本市場指向」概念を初めて成文化し,それにより有価証券取引法との連携を図った。HGB第264d条によれば,「資本市場指向」とは「資本会社が有価証券取引法第2条5項の意味での組織的市場を,当該会社が発行した,有価証券取引法第2条1項1文の意味での有価証券を通じて利用する場合,または組織的市場での取引の認可申請を行う場合」[24]である。

こうした第264d条の内容は,第292a条 (KapCoRiLiG), さらにはその代替としての第315a条 (BilReG) に対応するものである。つまり,「資本市場指向」概念に基づく会計規制の差別化戦略が, KapCoRiLiG, BilReGそしてBilMoGに至る過程で確固たるものになった。

6 「資本市場指向」概念に基づく会計エンフォースメント

IFRS対応にかかわるドイツの制度改革に関しては,もう1つ重要な側面がある。それは,資本市場指向企業の決算書に対する順法性監視システム (エンフォースメント) の導入である。EUの会計指令・命令への対応として,ドイツでは2004年に2つの法律が制定された。図表6-3のとおり,1つは,すでにみたBilReGであり,同法はIAS適用命令への対応に加えて,現代化指令,規模基準値修正指令,公正価値指令の転換[25],ならびに監査人の独立性の強化を目指す改革であった。そしてもう1つは,会計統制法 (BilKoG)[26]であり,エンフォースメントの手続きとその関与機関にかかわる法的基盤を整えるものであった。

連邦政府の「措置一覧」(2003年) は,前年の2002年に示された「10項目プログラム」に基づくものであり,その提案の一部がBilReGとBilKoGに反映され

た。具体的には10項目のうち、「第4項目：会計規準のさらなる発展および国際的会計基準への適合」、「第5項目：決算書監査人の独立性の強化」そして「第6項目：独立した機関による企業決算書の順法性監視（エンフォースメント）」の3つである。

図表6-3　連邦政府の「措置一覧」と2つの会計立法

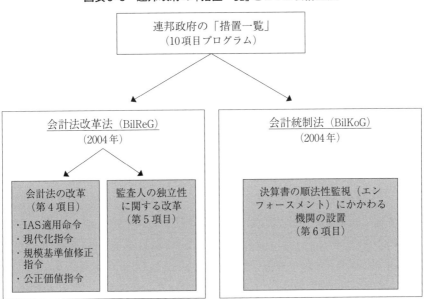

（出所）Wendlandt/Knorr［2004］, S. 45に基づき筆者作成

　BilReGの主たる目的が、国際的会計基準の適用条項（HGB第315a条等）の導入にあった点はすでにみたとおりである。一方、BilKoGの目的は、エンフォースメントの枠組みを定めることであり、その対象は、資本市場指向企業の決算書（個別決算書・状況報告書／連結決算書・連結状況報告書）とされた[27]。

　また、その法的根拠はHGB第342b条～第342e条、そして有価証券取引法第37n条～第37u条であり、エンフォースメントは二段階の手続きで構成される。すなわち、第一段階は、民間の組織であるドイツ会計検査機関（DPR）が、会計

規定を遵守して決算書が作成されているかどうかを検査するプロセス、そして第二段階は、行政官庁たる連邦金融監督庁（BaFin）が会計規定の遵守を検査するプロセスである。

　第一段階の手続きはHGB第342b条に定められ、それによると、連邦法務・消費者保護省（BMJV）[28]が、連邦財務省（BMF）の同意を得、資本市場指向企業の決算書を検査する民間の機関を承認する。2005年3月にBMJVは、BMFと合意の上、DPRを検査機関として承認し、同年7月からDPRが活動を開始した。DPRは会計規定違反の具体的な証拠もしくはBaFinの要請に基づく検査（事後点検）、あるいは無作為抽出検査法による検査（事前点検）を行う。ただしDPRは、被検査企業に瑕疵があっても、基本的に制裁手段をもたない。検査への協力姿勢がみられない場合、DPRは第二段階の手続きに検査を委ねなければならない。

　第二段階では、BaFinが高権的手段を用いて順法性を監視する。DPRと異なり、BaFinは制裁手段を有し、故意または過失による虚偽または不完全な回答に対して5万ユーロの過料を課すことができる。さらにBaFinは、企業が認めた虚偽を公表するよう命じることができる[29]。

　このように、BilKoGにより導入されたエンフォースメントは、監査とは別の、決算書の順法性を監視する新たな枠組みである。その場合、資本市場指向企業の決算書を対象に、民間組織（DPR：第一段階）と公的組織（BaFin：第二段階）から成る、ハイブリッドな監視システムが構築されており、これはエンドースメント・メカニズムと重なる部分である。したがって、国際的会計基準適用の局面において、資本市場指向企業レベルに向けて、IFRSの承認（エンドースメント）と監視（エンフォースメント）のメカニズムが、一体的に作動する仕組みになっている[30]。その意味で、エンドースメントだけではなく、国際的会計基準に対するエンフォースメントの場面においても、「資本市場指向」概念がその鍵となっている。

お わ り に

　以上，ドイツにおいては，「資本市場指向」概念を軸にした制度設計が行われ，その枠組みのもとでIFRSへの接近が試みられている。つまり，「資本市場指向」概念は，EUのレベルと同様，ドイツにおいても国際的会計基準の適用の場面で重要な鍵を握るものである。

　本章で明らかにしたように，HGB第292a条の創設，そして同条から第315a条への移行の過程で，「国際的に認められた会計原則」または「国際的会計基準」の適用範囲をめぐって「資本市場指向」概念が前面に打ち出された。これは，IFRSへの対応場面を資本市場向けに限定する仕掛けとなった。その上で，IFRSの承認メカニズム（エンドースメント）と監視のメカニズム（エンフォースメント）が資本市場指向企業を対象に一体的に作動する枠組が設けられた。

　また，「資本市場指向」概念の形成は，ドイツがEUに先行していた。加えて，同概念に関し，EU（IAS適用命令）とドイツ（HGB）の解釈が異なる点も見逃してはならない。その例が，有価証券取引の認可申請段階の取り扱いであり，EUとは異なり，ドイツでは認可申請中の企業も資本市場指向企業とみなされる。その意味で「資本市場指向」概念は，EUよりもドイツの方が広い。別言すれば，厳密には内容が異なるにもかかわらず，「資本市場指向」という同一の概念が，EUとドイツの双方においてIFRS対応のキーワードになっている。

　総じていえば，ドイツは国際的会計基準の適用にあたり，従来の制度のあり方を大きく変えたわけではない。むしろ，EUのIAS適用命令を利用しつつ，国際的会計基準の適用領域を資本市場向けに分離し，その枠のなかで，ドイツの該当企業に"最大限の柔軟性"，すなわち適用会計基準の選択の幅を認めているのである。

注
(1)　「国際的に認められた会計原則」は，HGB第292a条2項に採用された概念であり，具体的にはIFRSとUS-GAAPを指す。

(2) KapAEGの正式名称は「資本市場におけるドイツコンツェルンの競争能力の改善および社員消費貸借の受容の容易化に関する法律」である。同法の詳細については稲見 [2004]，またドイツのIAS（当時）対応の要点を整理したものとして，松本・倉田・稲見 [2005] を参照されたい。

(3) Koalitionsarbeitsgruppe [1997].

(4)(5) Ebenda, S. 1. 報告書「資本市場コンセプト」の全体像については，稲見 [2004]（第5章）を参照されたい。

(6) Ebenda, S. 3.

(7) Ebenda, S. 8-9.（傍点筆者）

(8)(9) Ebenda, S. 9.

(10) KapAEG [1998b], S. 708.（強調筆者）

(11) Deutscher Bundestag [1998], S. 11. 政府法案では，US-GAAP もしくはIASを適用した国内企業の実務対応として，例えば，ダイムラー・ベンツ，バイエル，シェーリング，ドイツ銀行といった具体的な企業名を挙げて詳述された。また，第292a条と同種の対応は，他のEU諸国が先行していたため，ドイツがそれに追随する形となった。

(12) この経緯に関しては，稲見 [2004]（第6章）を参照されたい。

(13) KapCoRiLiG [2000], S. 156.（強調筆者）KapCoRiLiGの正式名称は「第4号指令および第7号指令の適用領域修正に関するEU議会および理事会の指令の実施，年度決算書類の公示の改善，およびその他の商法規定の修正のための法律」である。なお，本条にいう「組織的市場」は，EUの「規制市場」概念に合致する。

(14) KapCoRiLiG [1999], S. 44. さらに，この第292a条の修正に連動して，開示法の第11条「会計義務を負う親企業」も修正され，第292a条の対象が，開示法に基づき連結決算書の義務を有し，かつ組織的市場を利用する親企業にまで拡げられた。

(15) BMJ/BMF [2003], S. 7. IAS適用命令への対応に論究したドイツの文献として，例えばKahle [2003] ならびにKirsch, H.-J. [2003] が挙げられる。そこでは，"4区分のマトリックス"に基づいた議論が展開されている。

(16) BilReG [2004b]. BilReGの正式名称は「国際的会計基準の導入および決算書監査の質の確保に関する法律」である。

(17) BilReG [2004a], S. 22-23. この判断は，資本市場指向企業の連結決算書の比較可能性に一定の制限が加わることを前提にしているという。なお，経過措置を利用可能なUS-GAAP適用企業とは，例えばダイムラー・クライスラー（当時）やドイツ銀行であり，また負債証券の発行企業には，主として貯蓄金庫（Sparkasse）および協同組合銀行（Genossenschaftsbank）が該当する。

(18) BilReG [2004b], S. 3169. 本条文に連携させて，BilReGは，開示法（第11条6項）以外に，株式法（第171条）そして有限会社法（第42a条，第46条）の修正を指示した。

(19) BilReG [2004a], S. 33-34.

(20) Ebenda, S. 70-74.

(21) Ebenda, S. 45-46. なお，公示（情報）目的の個別決算書に対する国際的会計基準の適用は，第325条2a項において，次のように定められている。「公示に際して，第315a条1項1文に指定された国際的会計基準に従って作成された個別決算書を，年度決算書に代えることができる。この選択権を利用する企業は，そこに掲げられた基準に完全に準拠しなければならない。」（BilReG [2004b], S. 3172.）

(22)　BilReG［2004a］, S. 23. この場合, 国際的会計基準に準拠した個別決算書は, 正確には「HGB第325条2a項1文に基づく個別決算書」とされ, HGB準拠の個別決算書, すなわち「年度決算書」とは明確に区別すべきことが強調されている。つまりドイツの「年度決算書」概念は, HGB準拠の個別決算書を意味するものとして不変である。

(23)　我が国のIFRS対応における連単分離論については, 徳賀［2010］が詳しい。

(24)　BilMoG［2009］, S. 1104-1105.

(25)　これら3つの指令の正式名称は, 次のとおりである。
　　①現代化指令:「一定の法形態の会社, 銀行およびその他の金融機関ならびに保険企業の年度決算書および連結決算書に関する第4号指令, 第7号指令, 銀行会計指令, 保険会計指令の修正に関する2003年6月18日のEU議会および理事会の指令」
　　②規模基準値修正指令:「ユーロに換算された金額に関する一定の法形態の会社の年度決算書に関する第4号指令の修正に関する2003年5月13日のEU議会および理事会の指令」
　　③公正価値指令:「一定の法形態の会社, 銀行およびその他の金融機関の年度決算書ないし連結決算書に許容される価値評価に関する第4号指令, 第7号指令, 銀行会計指令の修正に関する2001年9月27日のEU議会および理事会の指令」

(26)　BilKoG［2004b］. 正式名称は「企業決算書の統制に関する法律」である。

(27)　BilKoG［2004a］, S.12.

(28)　2013年に連邦法務省（BMJ）が改組され, 現行の名称となった。

(29)　この内容について, 例えば, Baetge/Kirsch/Thiele［2017a］, S. 50-53. なお, ドイツにおけるエンフォースメント・メカニズムの導入論議については, フランクフルト大学のバウムス（Baums, T.）を長とする2000年の「コーポレート・ガバナンス, 企業経営, 企業統制, 株式法の現代化のための政府委員会の報告書」に遡ることができる。同報告書では次のように勧告された。「政府委員会は, イギリスの財務報告調査パネルをモデルに, 私経済的に組織された厳格な機関を設立するよう勧告する。同機関は, 自身が開発した手続き規則により, 該当企業と協調して重大な会計規定違反の疑いを調査し, 企業が拒絶する場合には, 株式法第256条, 第257条に基づき訴えを起こすことができる。」（Baums［2001］, S. 292.）この点に関し, 詳しくは稲見［2004］（第7章）を参照されたい。

(30)　ドイツにおける会計エンフォースメントの特徴について, 詳しくは佐藤博明［2006］, またIFRSのエンドースメントとエンフォースメントのメカニズムに関する我が国の体系的な研究として, 佐藤誠二（編）［2007］がある。

第7章　ドイツにおける会計法現代化法の特徴
──規制緩和の第一段階──

は　じ　め　に

　EUならびにドイツにおいては，資本市場指向企業レベルに焦点を当てる形
で，国際的会計基準の承認（エンドースメント）と監視（エンフォースメント）のメ
カニズムが構築されている。

　他方，非資本市場指向企業レベルでも，ドイツにおいて改革が進んでいる。
それは，EUの行政手続き関連コスト（以下，行政コスト）削減の動きを受けた
"非資本市場指向の会計制度改革"とよぶべきものである。すなわち，中小・零
細企業の負担軽減を目的とした「規制緩和」[1]の推進である。2009年の会計法
現代化法（BilMoG）[2]は，規制緩和措置の拡充を立法の柱とした点に大きな特徴
がある。

　本章の目的は，BilMoGの分析を中心に，「規制緩和」概念に基づく"非資本市
場指向の会計制度改革"の特質を明らかにすることである。

1　会計法現代化法（BilMoG）以前の規制緩和措置

(1) 2000年の制度改革

　資本調達容易化法（KapAEG）によるHGB第292a条に基づき，1998年以降，
ドイツの上場企業は「国際的に認められた会計原則」（IFRS/US-GAAP）に準拠

した連結決算書を作成する場合，HGB連結決算書の作成義務が免除された。こうした免責措置は，ドイツ（上場）企業の負担を軽減し，もって国際的競争能力を高めるところに狙いがあった。そして，2000年の資本会社 & Co. 指令法（KapCoRiLiG）を通じて同条の適用範囲が拡げられ，「規制市場の利用」（資本市場指向）を指標にした差別化戦略の枠組みが整えられた[3]。以後，第292a条による免責措置は，資本市場指向企業に対する主要な負担軽減策となった。

　他方で，KapCoRiLiGには，EUのEcu適合指令（1999年）[4] への対応という立法目的があった。EUでは，域内の経済および為替の動向に鑑み，5年ごとに規模基準値が見直される。Ecu適合指令は，規模基準値の約25％の引き上げを定め，これを受けてドイツは，会社規模区分に関するHGB第267条を修正し，貸借対照表合計額および売上高に関する基準値を引き上げた。その場合，HGBの基準値はEUよりも約10％高い水準となった。これは，第4号指令第12条（当時）が，EUの水準を10％の範囲で上回ることを認めていたためである。

　HGB第267条によれば，3種類の基準値（貸借対照表合計額，売上高，従業員数）のうち，少なくとも2つを超えるか否かで小規模，中規模，そして大規模資本会社の区分が行われる。上位の区分になるほど，決算書の作成，監査，公示等にかかわる規制が増す[5]。そのため，規模基準値の引き上げは会計負担の軽減に直結するものであり，KapCoRiLiGを通じて，多くの企業がその恩恵を受けた。

(2) 2004年の制度改革

　2000年の改革を経た後，IAS適用命令により，国際的会計基準の適用が現実化した。それに加え，EUの公正価値指令（2001年），規模基準値修正指令（2003年），そして現代化指令（2003年）の転換が求められた。そのための立法が，2004年の会計法改革法（BilReG）であった。

　前章でみたとおり，BilReGの大きな特徴は，国際的会計基準適用の枠組みを整えたことであった。そして，本章で注目すべきさらなる特徴は，規模基準値修正指令への対応として，HGB第267条・第293条の基準値を引き上げた点である。同指令はEcu適合指令の後継として，規模基準値の改訂を定めた。

①第267条の修正

まず，第267条における規模基準値が約17％引き上げられた[6]。図表7-1および図表7-2は，BilReG制定前後のEU指令・HGBの（小規模・中規模会社の認定にかかわる）基準値を示したものである。中規模会社の基準値を（2つ）上回る場合は，大規模会社とみなされる。制定前の数値は1999年のEcu適合指令とKapCoRiLiGによるものであり，HGBの基準値はこれまでと同様，EU指令よりも約10％高く設定された（従業員数は除く，以下同じ）。

図表7-1　BilReG制定前後の規模基準値（小規模資本会社）

基　準	制定前		制定後	
（単位はユーロ，人数）	EU指令	HGB	EU指令	HGB
貸借対照表合計額	3,125,000	3,438,000	3,650,000	4,015,000
売上高	6,250,000	6,875,000	7,300,000	8,030,000
従業員数	50	50	50	50

（出所）筆者作成

図表7-2　BilReG制定前後の規模基準値（中規模資本会社）

基　準	制定前		制定後	
（単位はユーロ，人数）	EU指令	HGB	EU指令	HGB
貸借対照表合計額	12,500,000	13,750,000	14,600,000	16,060,000
売上高	25,000,000	27,500,000	29,200,000	32,120,000
従業員数	250	250	250	250

（出所）筆者作成

②第293条の修正

そして，HGB第293条も修正された。同条の基準値は，親企業が連結決算書

（および連結状況報告書）の作成義務を負うかどうかの指標となる。第267条と
同様，貸借対照表合計額，売上高，そして従業員に関する3つの基準値が定めら
れ，そのうちの2つを超えない場合，連結決算書（および連結状況報告書）の作成
が免除される。BilReGでは，第293条の基準値が約20％引き上げられた[7]。図
表7-3および図表7-4は，総額方式と純額方式によるBilReG制定前後の基準値
を示したものである。

図表7-3　BilReG制定前後の規模基準値（総額方式）

基準（単位はユーロ，人数）	制定前	制定後
貸借対照表合計額	16,500,000	19,272,000
売上高	33,000,000	38,544,000
従業員数	250	250

（出所）筆者作成

図表7-4　BilReG制定前後の規模基準値（純額方式）

基準（単位はユーロ，人数）	制定前	制定後
貸借対照表合計額	13,750,000	16,060,000
売上高	27,500,000	32,120,000
従業員数	250	250

（出所）筆者作成

2　BilMoG による規制緩和措置

(1) BilMoG制定の背景

　BilMoGの立法は，2002年に連邦政府が呈示した，いわゆる「10項目プログ
ラム」に基づくものであった。制度改革にかかわる10項目の提案のうち，第4

項目の「会計規準のさらなる発展および国際的会計基準への適合」が，BilReG（2004年）とBilMoG（2009年）で具体化された。つまり，ドイツの国際対応は，会計法の"改革"（BilReG）と"現代化"（BilMoG）の2つのコンセプトに従い二段階で進められた。

　BilMoGは，1985年の会計指令法（BiRiLiG）以来，約25年ぶりにHGBの大幅な改正を目指した点に大きな特徴がある[8]。前述のとおり，HGB第292a条による免責措置の導入は，国際的競争能力強化の観点から，資本市場指向企業の負担軽減を意図したものであった。この措置は，適用範囲の拡大を図ったKapCoRiLiG，そしてBilReGに引き継がれ現在に至っている（旧HGB第315a条，現在：第315e条）。BilMoGの重要な特徴は，こうした資本市場指向企業レベルの免責措置を維持しつつ，非資本市場指向企業に向けたコスト節減策を拡充する点にある。

　BilMoGの政府法案によれば，BilMoGの目的は，HGBの現代化を通じてIFRSとほぼ等価で，効率的かつ簡素な代替的選択肢を設けるとともに，規制緩和によりドイツ企業の負担軽減を図ることである。すなわち「個人商人に対して，商法上の簿記会計義務を包括的に規制緩和する。さらに，資本会社が規模別の簡素化および免除措置を利用できるよう規模基準値を引き上げる。同時に，HGB会計規定の現代化により，商法上の個別決算書および連結決算書の情報機能を強化する。新HGBは，ドイツの中小企業に拒否されるIFRSに対する，等価でしかも簡素な代替的選択肢として発展する。」[9]

　さらに同法案では，中小企業に対するIFRSの適用に関し，次のような否定的見解が示された。

　中小企業に対しては，HGBからIFRSへの移行を求めることはできない。ここで重要なのは，HGBとIFRSがそのコンセプトにおいて異なる点である。HGB以上に，IFRSは決算書利用者に対し包括的な情報提供を行う思考が強い。しかも，HGBで支配的な慎重原則は背後に押しやられる。したがって，IFRSへの移行は追加的効用がないばかりか，むしろIFRSの要求が細かすぎるために，競争上の重要なデータをも明らかにせざるを得ない危険性がある。この

ことは，資本市場指向企業，あるいは非資本市場指向であっても，多角的かつ国際的に活動する企業に受け入れられるとしても，中小企業にとっては，その存続が脅かされることになりかねない。こうした点を鑑みれば，中小企業版IFRSの草案（2007年）は，複雑で規制が細かすぎるため適切ではなく，情報指向とはいうものの，中小企業のニーズを考慮していない[10]。

加えて，BilMoGの立法以前，すなわちドイツ連邦議会の決議（2004年）に遡れば，IFRSならびに中小企業版IFRSに対し，次のような否定的立場が確認できる。

連邦議会は，会計担当者および監査人にとってIFRSの要求が過大であるとみている。IFRSは非常に複雑かつ大部であり，一部に負担の大きい資産および負債の計上・評価方法，そして膨大な開示を要求する。また，時価（公正価値）評価の考え方を強調し，一部で判断の余地を拡げる。IFRSは，資本市場で活動する企業，さらに出資者，投資家，アナリストもしくはその他のステークホルダーのニーズに合わせたものである。とくに中規模企業がIFRSを採用することは困難である。それゆえ，中小企業版IFRSの開発を試みるIASBのプロジェクトを見守る必要があり，その成果を確かめた上で，ドイツが立法判断を下すべきというのが連邦議会の立場である。ただし，同プロジェクトの出口は予想できないため，中小の会社に対しては，他の選択肢が利用できるよう，ドイツの会計法において適切な解決策を設ける必要がある[11]。

こうしたドイツ連邦議会の認識は，BilMoGに継承され，IFRSの代替モデルとしての（現代化した）HGBの堅持と，非資本市場指向企業に対する規制緩和（負担軽減）という形で実現した。つまりBilMoGは，HGB会計規定の"現代化"と"規制緩和"を通じて，決算書の情報機能の強化と同時に，ドイツの非資本市場指向企業の負担軽減を目指したのである。

(2) 規制緩和に対するEUの要請

BilMoGによりIFRSへの接近を試みる場合，非資本市場指向企業に対する配慮が求められる。それが規制緩和であった。

　規制緩和の推進はEUの発議が前提になっている。その契機は，EU委員会による「EUの行政コストの削減に関する行動計画」[12](2007年) であった。同計画は，域内の法規の簡素化 (Simplification of the Legislation on the Internal Market : SLIM) 運動を背景に，重複する過剰な情報義務 (行政コスト) の撤廃を主眼とした。こうした"簡素化 (SLIM)"の一環として，会計領域の行政コスト削減 (規制緩和) が提案されたが，その対象は主に中小企業であった。行動計画は，同年にEU理事会に承認され，中小企業に対する負担軽減措置の拡充とともに，EUおよび加盟国に対して2012年までに行政コストを25％削減するという数値目標が設定された。その1つの手段が，決算書の作成および公示義務の免除ないし軽減化であった[13]。

　翌2008年に，EU委員会により域内中小企業の支援に向けた10原則が示された。これは，大企業に比べて様々な場面で競争上不利な立場にある中小企業を支援するためのものであり，そこで採用されたのが"中小企業優先 (think small first)"というスローガンである[14]。こうして域内中小企業の支援が，EUの最優先の政策課題とされた。それ以降，域内諸法規の"簡素化"ならびに"中小企業優先"の改革案は，EU委員会・理事会による発議に基づき改訂や充填がなされ，現在に至っている。

　そして，EUレベルの規制緩和の流れに並行して，ドイツでは「国家規準監視審議会設置法」[15](2006年) が制定され，連邦政府によるコスト節減策を検証・評価する「国家規準監視審議会」が創設された。同審議会の任務は，独立的な助言および監督機関として，連邦政府の活動を支えることである。その場合，既存の公的経費の削減，ならびに新規の公的経費の抑制を目的とした活動を行う。公的経費とは，情報義務を通じて自然人または法人に生じる費用と定義され，その場合の情報とは，法律，通達，定款または規則に基づき，当局または第三者に向けて準備され，伝達されるものである (同法第2条)。

(3) BilMoGによる規制緩和措置

ドイツはこうした規制緩和に向けて，BilMoGを通じて第一のステップを踏

んだといえる。BilMoGによる規制緩和に関し，該当企業全体で，10億ユーロを超えるコスト節減効果が期待された。連邦法務大臣の声明によれば，「BilMoGにより国内企業，とりわけ中小企業の負担を軽減し，技術革新および投資能力を引き出す。改革の重点の1つは，中小企業に対する規制緩和であり，およそ10億ユーロの節減となる。例えば，中規模個人商人が簿記会計義務を免除され，資本会社に対しては規模基準値の引き上げが行われる。」[16] このように，BilMoGによる具体策は，（一定規模の）個人商人に対する簿記会計義務の免除（第241a条，第242条4項），そして会社規模区分ならびに連結決算書作成義務にかかわる規模基準値（第267条，第293条）の引き上げであった。

ところで，BilMoGによる会計規定の“現代化”にかかわる諸方策（提案）は，世界的な金融危機の影響もあって，その法制化の最終局面で重要な修正が加えられた。例えば，金融商品に対する公正価値評価の範囲の限定である[17]。それとは対照的に，約10億ユーロのコスト節減効果を伴う“規制緩和”の諸方策は，ほぼ原案どおりで審議を通過した。

①個人商人に対する簿記会計義務の免除

BilMoGにより，一定の規模を下回る個人商人は，商法上の簿記会計義務を免除される。ここで簿記会計義務とは，帳簿記帳，財産目録，貸借対照表および損益計算書の作成に関する包括的な義務を意味する。新たに設けられたのがHGB第241a条と第242条4項であった。まず第241a条は，帳簿記帳および財産目録作成義務が免除される個人商人を，売上高が50万ユーロ，かつ年度剰余額が5万ユーロ以下のものと定めた。そして第242条4項により，同商人は，貸借対照表および損益計算書の作成を免除されることになった[18]。

こうした免責措置をもって，税務上の帳簿記帳義務にかかわる租税通則法（AO）第141条との調整が図られた。政府法案によれば，当該措置を利用できる個人商人は，所得税法第4条3項に基づく収入剰余計算が可能になり，その容易さから負担軽減が期待される[19]。

②規模基準値の引き上げ

次に，HGB第267条における規模基準値の改訂である。すでに指摘したように，EUではおよそ5年ごと，すなわち1978年の第4号指令での定義に始まり，1984年，1990年，1994年，1999年，2003年と段階的に規模基準値が改訂された。注目すべきは，こうしたEUの基準値改訂の枠組みをドイツが最大限に利用してきたという事実である。すなわち，ドイツは一貫して，EU指令よりも約10％高い水準の基準値を維持してきた。

図表7-5　BilMoG制定前後の規模基準値（小規模資本会社）

基　準	制定前		制定後	
（単位はユーロ，人数）	EU指令	HGB	EU指令	HGB
貸借対照表合計額	3,650,000	4,015,000	4,400,000	4,840,000
売上高	7,300,000	8,030,000	8,800,000	9,680,000
従業員数	50	50	50	50

（出所）筆者作成

図表7-6　BilMoG制定前後の規模基準値（中規模資本会社）

基　準	制定前		制定後	
（単位はユーロ，人数）	EU指令	HGB	EU指令	HGB
貸借対照表合計額	14,600,000	16,060,000	17,500,000	19,250,000
売上高	29,200,000	32,120,000	35,000,000	38,500,000
従業員数	250	250	250	250

（出所）筆者作成

BilMoGでも規模基準値がさらに約20％高められ，それにより約1,600社が大規模会社から中規模会社へ，そして約7,400社が中規模会社から小規模会

社へと移行した[20]。具体的には，貸借対照表合計額4,840,000ユーロ，売上高9,680,000ユーロ，そして従業員数50人以下が小規模会社に関する基準とされた。また，貸借対照表合計額19,250,000ユーロ，売上高38,500,000ユーロ，従業員数250人以下が中規模会社に関する基準となった。この修正は，規模基準値の約20%の引き上げを新たに要請した，EUのいわゆる「修正指令」[21]（2006年）に対応したものである。同指令は，一連の会計指令（第4号指令，第7号指令，銀行会計指令，保険会計指令）の内容を一部改訂するものであった（第8号指令に対しては，同年に別途「修正指令」[22]が発布）。

図表7-5および図表7-6は，BilMoG制定前後のEU指令・HGBの規模基準値を示したものである。なお，制定前の数値は，規模基準値修正指令とBilReGによるものであり，BilMoGでも，HGBの基準値が引き続きEUよりも約10%高い水準となった。

図表7-7　　BilMoG制定前後の規模基準値（総額方式）

基準（単位はユーロ，人数）	制定前	制定後
貸借対照表合計額	19,272,000	23,100,000
売上高	38,544,000	46,200,000
従業員数	250	250

（出所）筆者作成

図表7-8　　BilMoG制定前後の規模基準値（純額方式）

基準（単位はユーロ，人数）	制定前	制定後
貸借対照表合計額	16,060,000	19,250,000
売上高	32,120,000	38,500,000
従業員数	250	250

（出所）筆者作成

　また，第267条の修正との関連で，第293条における規模基準値も修正された。同基準値はBilReGにより改訂されていたが，BilMoGを通じて，連結決算書（および連結状況報告書）の作成義務が一層緩和された。図表7-7および図表7-8に示すとおり，HGB第293条の基準値は，総額方式では貸借対照表合計額が23,100,000ユーロ，売上高が46,200,000ユーロ，また純額方式では貸借対照表合計額が19,250,000ユーロ，売上高が38,500,000ユーロまで高められた[23]。これにより，第293条の新基準値は，EUよりも約20％高い水準で維持された。

　政府法案によれば，第267条と第293条の規模基準値の引き上げに伴い，全体でおよそ3億ユーロのコスト節減が期待された[24]。

③規制緩和措置の遡及的実施

　最後に，規制緩和措置の実施時期についてである。BilMoGの新規定は，その大部分が2010年度からの適用となったが，規制緩和に関連する諸規定（HGB第241a条，第242条4項，第267条，第293条）は，2008年度に遡っての適用が認められた[25]。これにより，早期の負担軽減効果が見込まれた。

お　わ　り　に

　本章では，「規制緩和」概念の構築という観点から，BilMoGに基づくドイツの会計制度改革について考察した。

　ドイツの場合，「資本市場指向」と「非資本市場指向」の線引きにより，資本市場指向企業に対しては，HGBに「等価」なものとして国際的会計基準の適用を認め，他方，非資本市場指向企業に対しては，国際的会計基準に「等価」な選択肢として，効率的かつ簡素なHGBを用意する方向で制度改革が進められた。

　こうした方向を定着させたのがBilMoGであった。すなわち，資本市場指向企業レベルでのIFRS対応の枠組みを維持しつつ，"現代化"と"規制緩和"をキーワードにHGBそのものの改革が目指された。その場合，規制緩和の具体策は，規模基準値の引き上げ，さらに一定の個人商人に対する簿記会計義務の

免除であり，しかも当該措置は2008年度からの遡及的実施が認められた。

　つまり，ドイツにおいては「規制緩和」概念を軸にして，非資本市場指向企業
レベルに対しIFRSの影響を遠ざける形の改革が進展している。この点こそが，
近年の制度改革が備える重要な特質であり，その意味でBilMoGは "非資本市
場指向の会計制度改革" の起点とみなすことができる。

注
(1)　ドイツ語のDeregulierungの訳として，我が国で通用している「規制緩和」という用語
　　　をあてている。本書では，規制の撤廃，緩和，軽減，簡素化，免除等を含む広義の概念
　　　として「規制緩和」を用いている。ただし，条文等で内容が特定される場合，その都度，
　　　簡素化あるいは適用免除等，より狭義の表現を用いる場合がある。
(2)　BilMoG [2009]．正式名称は「会計法の現代化に関する法律」である。
(3)　詳しくは，第6章を参照されたい。
(4)　EU [1999a]．
(5)　例えば，大規模会社は監査を受け，連邦官報に年度決算書を公示する義務を負う。他方，
　　　小規模会社は監査を免除される。
(6)　BilReG [2004b]，S. 3166.
(7)　Ebenda, S. 3168.
(8)　同法は，民間のドイツ基準設定審議会（DSR）による「BilMoGに対するDSR提案」（2005
　　　年5月）を受けて，連邦法務省による「会計法改革要綱」（2007年10月）が公表され，翌
　　　月の参事官草案（2007年11月），さらに政府法案（2008年7月）等を経て，2009年3月に
　　　連邦議会で可決，そして同年5月に施行された。
(9)　BilMoG [2008]，S. 1.
(10)　Ebenda, S. 34.
(11)　Deutscher Bundestag [2004]，S. 3.
(12)　EU [2007]．
(13)　Köhler [2008]，S. 268-269.
(14)　Kommission der EU [2008a]．なお「中小企業優先 (think small first)」は，ドイツ語で
　　　はVorfahrt für KMUと表現されている。KMUとは中小規模企業の略称である。
(15)　NKRG [2006]．
(16)　BMJ [2009]．
(17)　この点は第9章で詳述する。
(18)　BilMoG [2009]，S. 1102. なお，2015年の「官僚主義撤廃法」を通じて，第241a条の基
　　　準値に関し，売上高が60万ユーロ，そして年度剰余額が6万ユーロに引き上げられた
　　　（Bürokratieentlastungsgesetz [2015]，S. 1400.）。また，これらの措置以外に，参事官草
　　　案の段階では，大規模資本会社に対する規制緩和策として，国際的会計基準に準拠した
　　　個別決算書の作成に関するHGB第264e条の導入が提案されていた。これは，HGB第
　　　325条2a項に代替するもので，附属説明書においてHGB準拠の貸借対照表および損益

計算書を記載することを要件にしていた。こうした措置により，該当企業に対する約
1,800万ユーロの負担軽減が見積もられたが，第264e条はその後の立法経過において削
除された。

(19) BilMoG [2008], S. 46. 参事官草案では，個人商人のほかに，合名会社や合資会社といっ
た人的会社が当該措置の対象とされた。

(20) BMJ [2007], S. 3.

(21) EU [2006b].

(22) EU [2006a].

(23) BilMoG [2009], S. 1109. なお，第293条の規模基準値（純額方式）は，中規模と大規模
資本会社を区分する基準値と一致する（図表7-6参照）。

(24) BilMoG [2008], S. 43.

(23) BilMoG [2009], S. 1117. この点に関しては，例えばKirsch, H. [2009] を参照。

第8章　ドイツにおける非資本市場指向の会計制度改革
——規制緩和の第二および第三段階——

は　じ　め　に

　会計法現代化法（BilMoG）を起点とする"非資本市場指向の会計制度改革"は，会計コスト節減の側面から非資本市場指向企業を支援し，もって同企業の競争能力の向上を図るところに狙いがある。つまり，資本市場指向企業レベルでのIFRS対応の枠組みを維持したまま，非資本市場指向企業に向けた規制緩和が進展している。

　ドイツは，IFRS対応にあたり，EUで許容される選択の幅を最大限に利用しつつ，「国際的会計基準」「資本市場指向」「規制緩和」を制度設計のキーワードに据えた（第1章参照）。その場合，（資本市場向けの）決算書の情報機能の強化と，他方では該当企業の会計負担の増大という，いわばトレード・オフの問題をHGB会計の枠組みにどのように収めるかが重要な論点となった。

　本章では，前章に引き続き，「規制緩和」概念を軸にした最近の制度改革に論究したい。その場合，2つの法律を考察の対象とする。1つは，2012年の最小規模資本会社会計法修正法（MicroBilG）であり，そしてもう1つは，2015年の会計指令転換法（BilRUG）である。

1　最小規模資本会社会計法修正法（MicroBilG）の特徴

(1) MicroBilG制定の背景

EUの会計の法的枠組みは，第4号指令および第7号指令を中心に構築された。両指令はおよそ30年にわたり，株式会社，有限会社，それに有限合資会社（GmbH & Co. KG）[1]等の会計の制度的基盤となった。

EUでは，規制緩和（行政コスト削減）の一環として，新たな措置が講じられた。それが2012年のミクロ指令[2]等の制定であり，同指令はEUの景気対策プログラムの一部であった。同プログラムでは零細の企業に対し，決算書作成の負担軽減が要請された。すなわち，従来の大・中・小規模の3区分から，最小規模のカテゴリーを新たに追加した4区分へと移行させ，当該会社の会計コスト節減を重点的に図ることが主眼となった[3]。EU委員会によれば，ミクロ指令により約35億ユーロの行政コストの削減効果が期待された[4]。

ミクロ指令は，第4号指令に第1a条を新設し，最小規模企業を定義すると同時に，規制緩和措置の導入に関する加盟国選択権を定めた。同条の1項によれば，最小規模企業とは，次の3つの基準のうち2つを超えないものをいう。

― 貸借対照表合計額：350,000ユーロ

― 売上高：700,000ユーロ

― 従業員数：10人

そして2項により，こうした要件を充たす最小規模企業に対し，次の事項に加盟国選択権が認められた。

― 計算区分項目の表示義務の免除

― 附属説明書および状況報告書の作成義務の免除

― 年度決算書の公示義務の緩和

― 貸借対照表および損益計算書の項目分類の簡略化[5]

(2) MicroBilGによる重要な改正点

　ミクロ指令の転換のために，ドイツでは2012年にMicroBilG[6]が制定された。MicroBilGの目的は，ミクロ指令に倣い，小規模資本会社の下位概念として「最小規模資本会社」という新たなカテゴリーを導入し，当該会社の会計負担の軽減化を図ることにある。その意味でMicroBilGの制定は，BilMoGに続く規制緩和の第二のステップといえる。

　すでに述べたように，BilMoGによるHGB第241a条を通じて，一定の個人商人は簿記会計義務を免除される。他方，資本会社に同様の措置は無く，そのためMicroBilGを通じて零細の資本会社の会計コストの節減が目指された。

　MicroBilGによる重要な改正点としては，①「最小規模資本会社」概念の導入，②年度決算書の作成に関する軽減化，そして③公示に関する軽減化が挙げられる。

図表8-1　MicroBilGによる規模別カテゴリーと規模基準値

	最小規模	小規模	中規模	大規模
貸借対照表合計額 （単位：ユーロ）	350,000 以下	4,840,000 以下	19,250,000 以下	19,250,000 超
売上高 （単位：ユーロ）	700,000 以下	9,680,000 以下	38,500,000 以下	38,500,000 超
従業員数 （単位：人数）	10 以下	50 以下	250 以下	250 超
HGB 規定	（新）第267a 条	第 267 条		

（出所）Küting/Eichenlaub/Strauß [2012], S. 1671に基づき筆者作成

　①最小規模資本会社概念の導入

　MicroBilGを通じて，従来の規模別区分（大・中・小）に，新たに「最小規模」という（下位の）カテゴリーが設けられた。第267a条に基づき，次の3つの基準値のうち2つを超えない会社が最小規模資本会社とみなされる。

―貸借対照表合計額：350,000ユーロ

―売上高：700,000ユーロ

―従業員数：10人

　この3つの基準値はミクロ指令のものと一致する。なお，MicroBilGに基づく規模別カテゴリーとその基準値は，図表8-1に示すとおりである。

　資本会社である（零細の）株式会社に加えて，HGB第264a条の意味での人的商事会社，すなわち有限合資会社もまた最小規模資本会社のカテゴリーに含まれる。他方，資本市場指向企業（HGB第264d条）は，つねに大規模資本会社とみなされる。ドイツ全体で，50万社以上が最小規模資本会社に分類され，これは公示義務を負う国内企業のおよそ半数に相当する[7]。

②決算書作成に関する軽減化

　最小規模資本会社とみなされる場合，貸借対照表および損益計算書の簡略化が認められ，また附属説明書の作成は任意となる。

　まず，HGB第266条1項に基づき，最も簡略化する場合，最小規模資本会社の貸借対照表は図表8-2のようになる[8]。

図表8-2　簡略的な貸借対照表（勘定式）

借方	貸方
A.　固定資産	A.　自己資本
B.　流動資産	B.　引当金
C.　計算区分項目	C.　債務
	D.　計算区分項目

（出所）筆者作成

　次に，損益計算書についても簡略化が認められる。ミクロ指令に倣い，HGB第275条5項は，図表8-3のような項目分類を定めている。

　そして，附属説明書の作成が任意となる。附属説明書を作成しない場合，貸

借対照表において次の項目が記載される。

　―取締役会もしくは監査役会構成員に対する貸付金および前払金

　―債務保証関係

　―自己株式（株式会社の場合）

③公示に関する軽減化

　最小規模資本会社は，貸借対照表の供託という形で公示義務を履行できる（HGB第326条2項）。つまり，貸借対照表を電子形式で連邦官報の所轄部門に供託するだけでよい。供託された貸借対照表のコピーは有料で入手できる。

図表8-3　簡略的な損益計算書（報告式）

```
1. 売上高
2. その他の収益
3. 材料費
4. 人件費
5. 減価償却費
6. その他の費用
7. 租税
8. 年度剰余額／年度欠損額
```

(出所) 筆者作成

(3) 軽減措置の利用条件と適用時期

　軽減措置を利用できる条件は，最小規模資本会社が公正価値（ドイツでは「付すべき時価」）による評価を行わないことである。小規模会社向けの軽減措置の利用にとどまる場合には，「付すべき時価」での評価が認められる（HGB第253条1項）。これをもって，最小規模資本会社による公正価値評価の禁止という，ミクロ指令が定める要件が転換された。その限り，MicroBilGによる新規定は，会計の情報機能からの転向と同時に，文書記録機能の強化を意味している[9]。

　また，最小規模資本会社に対する規制緩和措置は，2012年12月30日の後に

決算日となる決算書に対して有効となった。つまり,営業年度が暦年と同じ場合,MicroBilGによる新規定は2012年度からの早期適用が可能となった[10]。

2　EUにおける新会計指令の制定

以上のように,EUのミクロ指令と,その転換法としてのMicroBilGは,「最小規模」のカテゴリーの導入を特徴としており,非資本市場指向企業レベルに対象を限定した立法であった。

そして,2013年に制定されたEUの新会計指令[11]は,第4号指令と第7号指令を統合の上,それに代替するものであった。新会計指令の発効に伴い,30年以上にわたりEU会計の法的基礎であった2つの指令(第4号,第7号指令)が廃止された。こうした指令の改編・統合自体が,EUの行政コスト削減運動の一環であり,その意味で新会計指令は「規制緩和」と不可分の関係にある。

新会計指令の目的は大きく分けて2つである。1つは,国境を超えて活動する企業の決算書の比較可能性を向上させること,そしてもう1つは,中小企業に対する規制緩和をより進めることである[12]。以下,3つの観点から同指令の特徴を明らかにする。

(1) 規制緩和の推進

1つ目は,「規制緩和」のために,規模基準値の引き上げと,附属説明書での記載事項にかかわる修正を指示した点である。規模基準値に関し,新会計指令はおよそ20%の引き上げを定め,中規模の区分については,貸借対照表合計額につき20,000,000ユーロ,売上高につき40,000,000ユーロ,そして小規模の区分については,貸借対照表合計額につき4,000,000～6,000,000ユーロ,売上高につき8,000,000～12,000,000ユーロという形で,加盟国が選択可能な基準値の幅を定めた(同指令第3条)。

また,附属説明書にかかわる改正も重要である。新会計指令では,決算書の

比較可能性向上の観点から，大規模会社に対して，附属説明書における義務的記載事項の範囲が拡げられた（第17条，第18条）。他方，小規模会社に対しては，その義務的範囲を縮小し，附属説明書の作成にかかわる負担軽減が図られた（第16条3項）。

(2) 計算規定に関する改正

2つ目は，計算規定にかかわる緩やかな修正である。新会計指令は「重要性原則」と「経済的観察法」の成文化を一定の範囲で要求している。「重要性原則」に関し，同指令は計上，評価，表示，公示および連結手続きにかかわる規定の適用にあたり，その遵守の効果が乏しいときは指令の要求に従う必要はない，と定めた（第6条1項j）。また「経済的観察法」について，損益計算書ならびに貸借対照表の項目は，対象となる取引の経済的実質を考慮した上で計上・表示しなければならない，と定められた（第6条1項h）。ただし，双方の原則の転換にあたり，新会計指令は加盟国選択権を認めており，「重要性原則」については，新規定（第6条1項j）の適用を表示ならびに公示の範囲に限定すること（同条4項），また「経済的観察法」について，加盟国はその転換を見送ることが可能であった（同条3項）。

(3) 中小企業版IFRSの非採用

そして3つ目は，新会計指令において，中小企業版IFRSの採用が見送られた点である。その理由として，新会計指令の草案（2011年）段階で，中小企業版IFRSの採用が，簡素化および行政コストの削減というEUの目標に調和しないこと，さらに同基準の基本思考が，多くの加盟国の会計規定に馴染まないことが挙げられた（第5章参照）。

したがって新会計指令は，中小企業版IFRSも含めて，IFRSの適用を域内企業全体に促すものではない。むしろ，IFRS対応を資本市場指向企業レベルにとどめ，非資本市場指向企業レベルの「規制緩和」の推進に力点を置くものといえる。決算書の比較可能性向上に関しては，表示および公示の領域での対応

に重点が置かれる一方，計算規定にかかわる改正は限定的範囲にとどめるという現実的な解決策がとられた⁽¹³⁾。つまり，新会計指令は計算規定の面で大きな変革を求めるものではない。

3　会計指令転換法（BilRUG）の特徴

　新会計指令の転換にあたり，ドイツでは2015年に会計指令転換法（BilRUG）⁽¹⁴⁾が制定された。改正の対象はHGBを中心に，開示法，株式法，有限会社法そしてその他の連邦法に及ぶ。

(1) 規模基準値の引き上げ

　BilRUGで注目されるのは，規制緩和の側面，とくに規模基準値の引き上げへの積極的な対応である。とりわけ小規模資本会社にかかわる基準値がより高められた。

　ドイツは従来から，EUの水準を10％上回る形で，HGB第267条の基準値を引き上げてきた。BilRUGはこれを踏襲し，貸借対照表合計額につき，小規模の区分に関し6,000,000ユーロ（従来は4,840,000ユーロ），中規模の区分に関し20,000,000ユーロ（従来は19,250,000ユーロ）まで引き上げた。また，売上高につき，小規模の区分に関し12,000,000ユーロ（従来は9,680,000万ユーロ），中規模の区分に関し40,000,000ユーロ（従来は38,500,000ユーロ）とした。小規模会社については，新会計指令が許容する最高値を選択し，およそ24％の引き上げとなった。中規模資本会社については，同指令が指示する統一的な基準値に従いおよそ4％引き上げた。なお，従業員数に関する基準値，そしてMicroBilGによる最小規模資本会社の基準値（HGB第267a条）に変更はない。図表8-4は，BilRUGに基づく規模別カテゴリー，そして新たな規模基準値を示したものである（小規模・中規模にかかわる括弧内の数値は従来のもの）。

　こうした規模基準値の引き上げにより，7,000を超える中規模会社が小規模へ，約300の大規模会社が中規模に新分類される⁽¹⁵⁾。小規模会社に関する規模

基準値の改訂に関しては，年間約1億ユーロの負担軽減効果が見積もられた[16]。

　また，BilRUGに基づく新規定の大部分は，2016年度から適用されるのに対し，新基準値（第267条）は特例として，2013年12月31日の後に始まる営業年度，すなわち2014年度から適用可能とされた。つまり，基準値の改訂による負担軽減効果が早期に表れるよう配慮された。これはEUの新会計指令の目的に適うものとされる[17]。その意味でBilRUGは，先行のBilMoGそしてMicroBilGと同様，規制緩和の推進を図る立法という特徴を有している。

図表8-4　BilRUGによる新規模基準値

	最小規模	小規模	中規模	大規模
貸借対照表合計額 （単位：ユーロ）	350,000 以下	6,000,000 以下 (4,840,000)	20,000,000 以下 (19,250,000)	20,000,000 超 (19,250,000)
売上高 （単位：ユーロ）	700,000 以下	12,000,000 以下 (9,680,000)	40,000,000 以下 (38,500,000)	40,000,000 超 (38,500,000)
従業員数 （単位：人数）	10 以下	50 以下	250 以下	250 超
HGB 規定	第 267a 条	（新）第 267 条		

（出所）筆者作成

(2) 附属説明書レベルの改正

　新会計指令に従い，BilRUGは附属説明書での記載事項にかかわる規定を修正した。すなわち，大規模会社に対して義務的記載事項の範囲を拡げ，小規模会社に対しては記載義務の範囲を縮小した。例えば大規模会社の場合，固定資産の減価償却に関する追加的記載や潜在的租税に関する定量的記載等が新たに要求された（HGB第284条，第285条）。他方，小規模会社に対しては（売上原価法に基づく）人件費，持分所有比率，利益処分案等，およそ30項目に及ぶ記載事項が免除された（第288条）。従来の制度改革と比較すれば，こうした附属説明書レベルでの重点的な改正もまたBilRUGの大きな特徴といえる[18]。

(3) 計算規定面での修正

計算規定にかかわる個別の論点について，BilRUGには次の特徴がみられる。

まず，「経済的観察法」と「重要性原則」の双方について，HGBでの成文化が見送られた点である。BilRUGには説明がないものの，文献において，「経済的観察法」はHGBの解釈上，すでに定まっていること，また「重要性原則」は正規の簿記の諸原則 (GoB) とみなされ，いくつかの個別規定に表現されていることから，新たな対応は不要という見解がある[19]。

次に，自己創設の無形資産および有償取得の営業権またはのれんに関し，利用期間の見積もりが困難な場合，それを10年と定めた点である。これは，計算規定面の改正としては数少ない事例の1つであり，また参事官草案から政府法案に至る過程で変更が生じた部分である。新会計指令では，「5年から10年の範囲での規則的な償却」と定められた (第12条11項)。それに基づき，BilRUG参事官草案では5年から10年の範囲で償却期間の選択が許容されていたが，政府法案で10年に固定された (HGB第253条3項)。文献上，慎重原則の観点から5年の償却期間を支持する見解[20]があるものの，ともかく，同種の無形資産に対して規則償却を行わない，いわゆる「減損のみのアプローチ (impairment only approach)」をとるIAS第36号／第38号とは内容的に異なる[21]。

このように，BilRUGは規制緩和の側面，とくにEUの新会計指令が認める規模基準値の引き上げや附属説明書レベルでの改正の指示を最大限に活用して，該当企業の負担軽減を目指すところに大きな特徴がある[22]。つまり同法は，先行のBilMoG, MicroBilGに続く「規制緩和」のための第三のステップと位置づけることができる。

他方，規制緩和に比べ，BilRUGでは計算規定にかかわる実質的な修正の場面は限られる。その意味で，決算書の比較可能性向上という目標は，計算規定のさらなる調和化ではなく，附属説明書レベルでの対応に委ねられたといえる。つまり，BilRUGはドイツ会計法の伝統を引き続き保持するものであり[23]，とくに計算規定の面でIFRSに大幅に歩み寄るものではない。

図表8-5は，前章 (第7章) および本章での考察結果をもとに，EUとドイツに

図表8-5　EUとドイツにおける"非資本市場指向の会計制度改革"

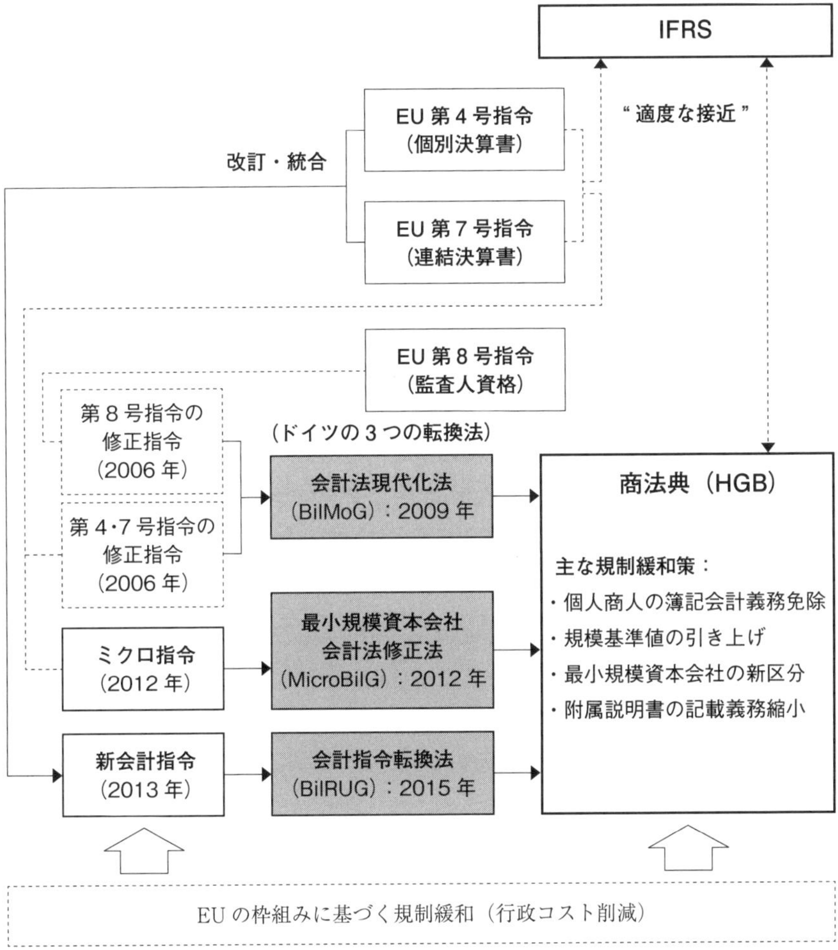

（出所）筆者作成

　おける"非資本市場指向の会計制度改革"の全体像を示したものである。図表
8-5のとおり，EUの規制緩和（行政コスト削減）の一環として，既存の会計関連
指令（EU第4号，第7号，第8号指令）が一連の指令（修正指令，ミクロ指令，新会計
指令）を通じて改訂もしくは統合された。そして，その転換のためにドイツで

制定された3つの法律（BilMoG, MicroBilG, BilRUG）は，非資本市場指向企業に対する規制緩和（負担軽減）策をHGBに組み込むものであった。それにより，IFRSへの"適度な接近"の道筋がつけられ，HGBがアップデートされた。

お　わ　り　に

以上のように，MicroBilGとBilRUGの制定は，"非資本市場指向の会計制度改革"の一環とみなすことができる。とくに「最小規模資本会社」概念の導入，そして規模基準値の引き上げを中心に，中小・零細の非資本市場指向企業に対する規制緩和措置の拡充が図られた。その限り，2つの法律はHGBの大幅な改編を意図したものではない。EUの"簡素化"ならびに"中小企業優先"の施策を受けて，「規制緩和」概念に基づき，会計コスト節減の側面からドイツの非資本市場指向企業を支援するところに力点がある。

したがって，MicroBilGならびにBilRUGは，"IFRS 対 HGB"という構図[24]のもとで，HGBをIFRSの代替モデルとして位置づけ，非資本市場指向企業に対する規制緩和（負担軽減）措置の拡充を目指したものといえる。その意味で2つの立法は，規制緩和に向けた改革の第二，第三のステップであり，IFRSへの"適度な接近"のスタンスを支える役割を担うものである。

注
(1)　有限合資会社は，合資会社の1つの形態である。その特質は，合資会社の無限責任社員に有限会社が配置されるため，実質的に有限責任化している点にある。そのため同会社形態がEU指令の対象に含まれるか否かが大きな争点であった。その意味で，有限合資会社を規制緩和措置の対象に含めた点はMicroBilGの重要な特徴といえる。
(2)　EU [2012], S. 3-6. 正式名称は「最小規模企業にかかわる第4号指令の修正に関する2012年3月14日のEU議会および理事会の指令」である。
(3)　Kommission der EU [2008b], S. 13.
(4)　Lanfermann [2012], S. 1209.
(5)　EU [2012], S. 3-6.
(6)　MicroBilG [2012c]. 同法は「ミクロ指令（2012年3月4日）の転換のための法律」である。MicroBilGは，2012年7月に連邦法務省から参事官草案が公表され，その後，同年9月の政府法案を経て，11月に連邦議会で可決，12月に施行された。

(7)　MicroBilG［2012a］, S. 19.

(8)　これ以外に，借方および貸方の潜在的租税ならびに資産相殺による借方差額が計上される場合がある。

(9)(10)　Küting/Eichenlaub/Strauß［2012］, S. 1674.

(11)　EU［2013］. 新会計指令の正式名称は「一定の法形態の企業の年度決算書，連結決算書およびそれに結びつく報告書にかかわる，そして第4号指令と第7号指令の修正に関する2013年6月26日のEU議会および理事会の指令」である。

(12)　Lanfermann［2011］, S. 3051.

(13)　Zülch/Güth［2012］, S. 413.

(14)　BilRUG［2015b］. 同法は「新会計指令（2013年6月26日）の転換のための法律」である。BilRUGは，2014年7月に連邦法務・消費者保護省から参事官草案が公表され，その後，2015年1月の政府法案を経て，6月に連邦議会で可決，7月に施行された。

(15)　BilRUG［2015a］, S. 61. なお，従業員数に関する基準値は不変である。また，MicroBilGで定められた最小規模会社の基準値（第267a条）にも変更はない。現行では，資本会社は大，中，小，そして最小規模の4つに区分される。

(16)　Maas［2014］.

(17)　BilRUG［2014］, S. 66.

(18)　例えば，Fink/Theile［2015］, S. 753-762.

(19)　Arbeitskreis Bilanzrecht Hochschullehrer Rechtswissenschaft［2014］, S. 893-895. 他方「重要性原則」については，ドイツ経済監査士協会（IDW）の意見表明にみられるように，HGBでの成文化を含めた対応を主張する見解もある。

(20)　例えば，Arbeitskreis Bilanzrecht Hochschullehrer Rechtswissenschaft［2014］, S. 895.

(21)　Kirsch, H.［2015］, S. 100.

(22)　これ以外にBilRUGは，最小規模資本会社に対する負担軽減策の適用対象を（最小規模の）協同組合にまで拡げること，さらに原材料分野の事業を営む大規模会社に対し，国家部門への支払いに関する報告書（いわゆる国別報告書）の導入を目的としている。

(23)　Lorson［2015］, S. 696.

(24)　こうした論点について，例えば，Küting/Pfitzer/Weber［2011］.

第9章　ドイツにおける公正価値会計への対応
——金融商品会計にみる IFRS への適度な接近——

は　じ　め　に

　IFRSへの"適度な接近"。これが，会計法現代化法（BilMoG）の立法の際に掲げられた，ドイツの会計制度改革の重要なスローガンである。

　BilMoGの政府法案によれば，BilMoGの目的は，信頼できるHGBを維持し，IFRSとほぼ等価で，しかもHGB決算書が依然，配当可能利益および課税所得算定の基礎であるという標柱（Eckpunkt）と正規の簿記の諸原則（GoB）体系を放棄することなく，効率的かつ簡素な代替的選択肢を設けることにあった[1]。そのためには，HGB会計規定のIFRSへの適度な接近が必要であり，それはHGB決算書の情報水準の引き上げにつながる[2]，とされた。

　このようにBilMoGは，ドイツ会計の"標柱"を堅持した上で，HGBをIFRSと対等なもの（代替モデル）にすることを意図したものである。つまりIFRSへの追随ではなく，IFRSとは一線を画した，HGB会計のアップデート（現代化）であったということができる。

　こうしたIFRSへの"適度な接近"を示す具体例として，公正価値会計への対応論議が挙げられる。ドイツ会計にとって「異物（Fremdkörper）」[3]ともいわれる"fair value（公正価値）"をめぐっては，BilMoGの立法の際，その評価を売買目的金融商品に導入すべきか否かが大きな争点になった。ドイツでは「公正価値」に替えて，「付すべき時価（beizulegender Zeitwert）」という概念が用いられ

るが，結論的にいえば，この論争は「信用機関および金融サービス機関」（以下，金融機関）に対象を限定する形で決着をみた。その意味で，非常に限られた範囲での公正価値会計への対応である。

　本章の目的は，ドイツにおける公正価値会計の導入論議[4]を分析することにより，IFRSへの"適度な接近"の具体的な姿を示すことである。その際，"適度な接近"を支えるドイツ特有の会計概念についても論究する。

1　EUの公正価値指令への対応

　ドイツの場合，「公正価値」は，「付すべき時価」という用語に置き換えられて制度化される。その端緒は，2004年の会計法改革法（BilReG）によるHGBの改正であった。BilReGは，EUの公正価値指令（2001年）の転換を立法目的の1つとしていた。EUでは，2005年からのIFRS対応に向けて，金融商品（金融派生商品を含む）会計の調整のため，第4号指令および第7号指令といった既存の会計指令の修正を必要とした。つまり，公正価値指令は，加盟国の会計法をIFRSに「緩やかに接近（moderate Annäherung）」[5]させるという文脈のもとで制定された。

　公正価値指令は，EUの全公用語（24言語）で制定・施行されており，同指令の英語版に採用されているのが"fair value（公正価値）"概念である。他方，ドイツ語版では「公正価値」に替えて"beizulegender Zeitwert（付すべき時価）"という概念が用いられている。公正価値指令により，第4号指令の修正が指示され，加盟国は金融商品に対して，付すべき時価評価の強制，許容または附属説明書上での付すべき時価の記載への対応が求められた[6]。

　BilReGは，公正価値指令を受けて，（連結）附属説明書の記載事項を定めるHGB第285条・第314条「その他の記載義務」に修正を加えた。その場合，重要な点は2つある。1つは，「付すべき時価」という概念がHGBに採用されたことである。すなわち，（連結）附属説明書上で，会社が保有する金融商品の付すべき時価の記載が求められた。

　そしてもう1つは，第285条において，付すべき時価の確定（算定）方法が定められた点であった。同条によれば，付すべき時価に相当するのは，まずは市場価値，そして市場価値が確認できない場合は類似の金融商品の価値等からそれを導出，さらにそのことが不可能な場合，評価モデルを用いて算定される。つまり，付すべき時価確定のための3段階モデル（いわゆる，公正価値ヒエラルキー）がHGB上で表現された。この内容は，公正価値指令の定め（改正第4号指令第42b条）に従うものであり，同時にIAS第39号「金融商品：認識および測定」による定義とも重なる[7]。

　ただし，BilReGによる「付すべき時価」概念の導入は，（連結）附属説明書上での記載の場面に限定された点に留意しなければならない。つまり，BilReGによる対応は公正価値指令の要求の一部であり，付すべき時価による評価規定の導入の判断は先送りされる形となった。この点，BilReGの理由書において，後続のBilMoGで検討される旨が予告された[8]。

2　BilMoGによる公正価値会計への対応

(1)（売買目的）金融商品に対する評価規定

　HGBは従来，金融商品に関する特別な評価規定を含んでいなかった。金融商品は他の資産と同様，HGB第253条の一般的評価規定に従い，取得原価に基づく評価が原則となる（当初評価）。そして継続評価の際，取得原価（簿価）が「付すべき価値（beizulegender Wert）」を上回る場合，流動資産たる金融商品は当該価値まで減額記入されなければならない（いわゆる低価法）。ここで「付すべき価値」という用語は，解釈を要する不確定法概念である[9]。

　BilMoGの参事官草案は，金融商品に対する評価規定を導入し，そこに「付すべき価値」ではなく，「付すべき時価」という不確定法概念を採用した。すなわち，HGB第253条「当初評価および継続評価」の1項3文として，「売買目的で取得した金融商品は，付すべき時価で評価しなければならない」[10]との文言が挿入された。その場合，「売買目的」とは，価格変動もしくは取引による利ざやで

短期的な利益を得ることを意図したものである⁽¹¹⁾。したがって，売買目的に限るとはいえ，法形態・業種を問わずに適用される評価規定が提案された。

　こうした評価規定を設ける理由は，草案理由書によれば主に3つである。1つ目は，売買目的金融商品に対する付すべき時価評価が一部（とくに金融機関）で慣行になっていること，そして2つ目は，当該評価の義務的導入により会計政策的手段が制限され得ることである。さらに3つ目として，IAS第39号のような公正価値の広範な適用は，実務的見地からみて困難であり，売買目的金融商品にその対象を限定することが妥当とみなされたことである⁽¹²⁾。

(2)「付すべき時価」概念の役割

　このように，（売買目的）金融商品に対する固有の評価規定が提案されたが，「付すべき時価」概念の採用に加え，さらに重要なのは，草案理由書において「売買目的で取得された金融商品に限定する形で，時価評価の原則が導入される」⁽¹³⁾と表明された点である。すなわち，立法のレベルで「公正価値」が「時価（Zeitwert）」概念に置き換えられた点に注目しなければならない。その限り，「公正価値」は「時価」と同義であり，概念上，「取得原価」とも区別される。

　これに関連して，ベッキング／トラビアン（Böcking, H.-J./Torabian, F.）の指摘は重要である。それは，「公正価値」がIAS第39号の公式のドイツ語版で「付すべき時価」と訳され，BilMoGは意識的に同概念を採用したという点である⁽¹⁴⁾。つまり，先に見たEUの公正価値指令のドイツ語版，またIAS第39号の公式ドイツ語訳に共通する「付すべき時価」概念が，HGB上での公正価値評価の受け皿として定まったのである。

　さらに，不確定法概念たる「付すべき時価」の解釈も重要である。BilMoGでは，付すべき時価の確定（算定）方法が，新たに第255条「評価基準」の4項に表現された。それによれば，付すべき時価には市場価格が相当し，活発な市場が存在しない場合に限り，付すべき時価は一般に認められた評価方法を用いて算定可能である。付すべき時価が確定できない場合には，取得原価評価が用いられる⁽¹⁵⁾。この定義は，前述のBilReGによる（附属説明書に関する）第285条と表

現は異なるものの，やはりIAS第39号にいう3段階モデル（公正価値ヒエラルキー）に相応する[16]。従来の「付すべき価値」概念にこのような定義はなく，かなり具体的になった。

　ベッキング／トラビアンによれば，こうした定義（第255条4項）が意味するものは，「モデルに基づく評価（mark to model）に対する，市場に基づく評価（mark to market）の優位性の強調」[17]という点にある。

　図表9-1は，ベッキング／トラビアンによる3段階モデルの整理である。すなわち，3段階モデルは，市場に基づく評価（mark to market）の領域と，モデルに基づく評価（mark to model）の領域という形で大きく2つに分かれる。その場合，市場に基づく評価（mark to market）の領域，すなわち「取引所価格／市場価格」（第一段階）が実際の時価に客観的に近いものとされ，活発な市場で決算日に確認できる価格が付すべき時価として最優先される[18]。他方，モデルに基づく評価（mark to model）の領域に分類される，「（類似の金融商品の価格を参考に導出する）類似価格」（第二段階）そして「評価モデル」（第三段階）は，付すべき時価の評価尺度として優先順位は低くなる。

図表9-1　付すべき時価の算定

第一段階	取引所価格／市場価格	市場に基づく評価（mark to market）
第二段階	類似価格	モデルに基づく評価（mark to model）
第三段階	評価モデル	

（出所）Böcking／Torabian［2008］, S. 266.

　したがって，不確定法概念としての「付すべき時価」は，公正価値評価の受け皿になると同時に，解釈上，取引所価格／市場価格（mark to market）の優位

性の強調のもとで，その確定が客観的に困難な，市場に基づかない評価尺度（mark to model）を制限する役割を果たすものといえよう。つまり，多様な評価方法を包含するアングロサクソン的な公正価値[19]を受け入れつつも，それを「時価」と同義にして「市場価格」（mark to market）を強調するという，ドイツ流の公正価値概念の相対化である。

(3) 公正価値会計批判への立法対応

とはいえ，BilMoGの参事官草案に対して，ドイツ国内では非常に厳しい，もしくは慎重な意見が唱えられた。ドイツのHGBに公正価値評価を受け入れること自体への批判である。批判の焦点は，取得原価主義への抵触，評価益の計上が慎重原則や実現原則の放棄につながること，さらには評価モデルによる時価算定の信頼性に対する疑念などであった[20]。しかし，政府法案（2008年5月）においては，配当制限が加えられたものの，参事官草案の評価規定（案）は基本的に引き継がれた[21]。

これに対し，連邦参議院の意見書（2008年7月）は，付すべき時価評価の対象を金融機関に限定すべきとして，連邦政府に検討を求めるものであった。その主な理由は，金融商品の評価の難しさ，すべての企業に同評価を義務づけた場合の税務上の取扱いに対する懸念であった[22]。連邦政府はこうした意見を検討したものの，原案を修正することなく法案を連邦議会に提出した。

公正価値会計の導入案に対しては，とりわけドイツの学界の抵抗が大きく，いわゆる「公正価値論争（Fair-Value-Debatte）」[23]が巻き起こった。導入反対論の急先鋒が，ザールブリュッケン大学の教授陣6名の連名による「ザールブリュッケン声明（Die Saarbrücker Initiative）」[24]であった。同声明は，10項目の観点から公正価値評価を強く批判し，その導入の阻止を命題とした。とくに公正価値概念に関して，それが解釈を要する曖昧なものであること，また，資産の95％以上が客観的に確認できる市場価格をもたず，そのため公正価値の算定に多様な評価方法が容認されることに対して批判論が展開された[25]。

BilMoGの立法手続きは，2008年9月の第一読会後，サブプライムローン問題

に端を発する金融危機を背景に一時中断したが，連邦議会法務委員会での公聴
会 (2008年12月) をもって再開された。公聴会に出席した11人の専門家のうち，
政府法案に賛同したのは少数であった。出席者の多くは，公正価値評価の導入
に反対もしくは慎重な意見を表明した。例えば，「ザールブリュッケン声明」を
主導したキュティング (Küting, K.) は，取得原価を上回る公正価値評価により
未実現の利益が計上されることや，当該評価による変動幅の大きい利益表示が
金融危機の増幅につながるといった点から批判論を展開し，他方，ドイツ経済
監査士協会 (IDW) のナウマン (Naumann, C. P.) は，売買目的金融商品の時価評
価を慣行にしている業種，とくに金融機関に限定して規制すべきという見解を
示した[26]。

　政府法案に対するこうした意見を踏まえて，2009年3月の法務委員会の決議
勧告では，実際に当初の規定案 (HGB第253条1項3文) が削除され，金融機関に
対してのみ，売買用保有の金融商品 (金融派生商品を含む) を付すべき時価で評
価することが定められた (第340e条3項)。その変更の理由として，金融危機に
直面している市場情況に配慮し，付すべき時価の適用を制限するという点が挙
げられた[27]。なお，付すべき時価は，リスクプレミアム部分を控除した額と定
められ，また売買用保有への，あるいは売買用保有からの分類変更は原則とし
て禁止された。この決議勧告に従い，連邦議会は2009年3月にBilMoGを可決
し，同法は5月に施行された[28]。

3　公正価値会計にかかわるドイツ特有の概念

　これまでみたように，BilMoGの参事官草案ならびに政府法案に対し，ドイツ
国内では声高に批判・慎重論が提起された。折からの世界的な金融危機とも
相俟って，BilMoGの最終局面で，付すべき時価評価が金融機関に対してのみ定
められた。要するに，ドイツは，「付すべき時価」概念の採用のもとで，IFRS流
の公正価値会計をそのまま受け入れるのではなく，慎重な姿勢をとったといえ
る[29]。

　では，「付すべき時価」概念に加えて，こうした"適度な接近"を支える思考は何か。それは，いわゆる"不均等な公正価値コンセプト（Imparitätisches Fair Value-Konzept）"であると考えられる。ベェトゲ／チュルヒ（Baetge, J./ Zülch, H.）によれば，公正価値会計の思考は"全面公正価値コンセプト（Full Fair Value-Konzept）"と"不均等な公正価値コンセプト"に分けられる。ドイツは"不均等な公正価値コンセプト"のもとで，取得原価を下回る公正価値評価を認める一方，取得原価を上回る評価は許容しないというスタンスをとる[30]。すなわち，不均等原則に基づき，評価損の計上は認めるものの，評価益の計上は認めないという「利益計上抑制」[31]につながる非対称な評価損益の認識である。HGBにいう実現原則に従えば，利益は決算日時点で実現したもののみ計上が許され，未実現利益の計上と配当は認められない。また，商法上の年度決算書目的たる資本維持は，不均等原則ならびに慎重原則の遵守のもとで果たされる。"不均等な公正価値コンセプト"は，これらの原則，さらには価値上限を定める取得原価主義を基盤にして，ドイツで歴史的に育まれてきたものである[32]。

　したがって，ドイツ流の公正価値会計は，"全面公正価値コンセプト"に基づくのではなく，"不均等な公正価値コンセプト"が基本的スタンスである。BilMoGにおける付すべき時価評価の限定論議はその表れであり，さしあたり，HGBへの公正価値会計のさらなる導入は考えられない[33]。

お　わ　り　に

　本章では，IFRSへの"適度な接近"を例証するために，ドイツにおける公正価値会計の導入論議について2つの側面から考察した。1つは，公正価値会計の限定的な導入という，HGB上の"規制"に基づく改革の姿である。そしてもう1つは，"適度な接近"を支えるドイツ会計特有の"概念"である。

　ドイツの場合，「公正価値（fair value）」は，「付すべき時価」という概念に置き換えられて制度化される。BilMoGは，売買目的金融商品に対する付すべき時価評価を，当初，業種を問わずに定める構想を示したが，国内での強い反対・

慎重論を受けて，立法の最終局面で対象を金融機関に限定した。

　「付すべき時価」は文字どおり，「時価」を指向する不確定法概念である。ド
イツにおいて公正価値は概念上，時価と同義に扱われ，“fair”という概念から
切り離される。「時価」とは，活発な市場で客観的に確認しうる市場価格（mark
to market）が最適なものとされ，時価の確定が困難な場合に用いられる評価モ
デル（mark to model）のような尺度は，優先度の低いものと解釈される。つま
り「付すべき時価」概念は，一方では，公正価値評価導入の受け皿になると同時
に，他方で，IFRS流の公正価値概念を相対化する役割を果たす点に特質があ
る。すなわち，公正価値会計の「受容」と「限定」のための両義性を有している。
本章において，「公正価値」と「付すべき時価」の両概念を意識的に区別した理
由はここにある。しかも，ドイツ流の“不均等な公正価値コンセプト”に従え
ば，評価益の計上につながる公正価値評価の許容範囲はさらに狭まる。

　以上のように，公正価値会計に対するドイツの慎重かつ限定的な対応は，「付
すべき時価」概念，そして“不均等な公正価値コンセプト”を軸に，評価モデル
（mark to model）を包含する「公正価値」の相対化，ならびに評価益の計上を可
能な限り排除するという“概念”に基づく限定と，そうした“概念”に支えられ
て，金融機関保有の（売買目的）金融商品にのみ付すべき時価評価を定めるとい
う“規制”に基づく限定との2つの側面を備えている。これが，公正価値会計の
導入論議からみた，ドイツ流のIFRSへの“適度な接近”の姿である。

注
(1)　BilMoG [2008], S. 1.
(2)　Ebenda, S. 34.（傍点筆者）
(3)　Zülch/Detzen [2009], S. 189.
(4)　我が国の先行研究として，木下 [2009] が挙げられる。また，BilMoG制定の最終局面も
　　　含めて，ドイツ型公正価値会計の歴史的展開を総括したものとして，チュルヒ／デッ
　　　ツェン [2014] がある。
(5)　BilMoG [2007], S. 59.
(6)　後述の議論と関連するが，公正価値指令による付すべき時価の適用は，売買目的金融商
　　　品にも，また金融機関にも限定されていない。
(7)　Huthmann/Hofele [2005], S. 183. 公正価値ヒエラルキー（3段階モデル）は，BilReGに
　　　よりHGB第285条2文として，次のように成文化された。「付すべき時価とは，他に信頼

できる確認可能な金額がない場合，市場価値である。それがない場合，付すべき時価は，金融商品の個々の構成要素の市場価値もしくは同等の金融商品の市場価値から導出される必要があり，さもなければ，市場価値に適切に近似する限り，一般に認められた評価モデルおよび評価方法を用いて算定されなければならない。評価モデルおよび評価方法を用いた場合には，付すべき時価の算定の際に依拠した仮定を記載しなければならない。」（BilReG［2004b］，S. 6.）なお，評価モデルとして想定されるのは，「割引キャッシュフロー（DCF）モデル」や「オプション・プライシングモデル」である。

(8) BilReG［2004a］，S. 21.

(9) Böcking/Torabian［2008］，S. 265.

(10) BilMoG［2007］，S. 6.（傍点筆者）

(11) Ebenda, S. 105.

(12) Ebenda, S. 104-107. なお，こうした理由の評価については，Schmidt［2008］，S. 1-8が詳しい。

(13) Ebenda, S. 104.（傍点筆者）

(14) Böcking/Torabian［2008］，S. 266.

(15) BilMoG［2007］，S. 7.

(16) Ebenda, S. 266.

(17) Böcking/Torabian［2008］，S. 266.

(18) Ebenda, S. 266.

(19) とくに財務会計基準審議会（FASB）の公正価値概念ならびに公正価値ヒエラルキーの意味については，村瀬［2008］が詳しい。

(20) チュルヒ／デッツェン［2014］，149頁。

(21) BilMoG［2008］，S. 2-3.

(22) Deutscher Bundesrat［2008］，S. 4-5.

(23) Zülch/Detzen［2009］，S. 189.

(24) Bieg/Bonfinger/Küting/Kußmaul/Waschbusch/Weber［2008］，S. 2549-2552.

(25) Ebenda, S. 2549.「ザールブリュッケン声明」は，同大学で開催されたフォーラムにおいて，そこに参加した経済監査士や税理士を中心とする700人を超える職業会計人からの支持を得た（Bieg/Bonfinger/Küting/Kußmaul/Waschbusch/Weber［2009］，S. 188.）。

(26) Deutscher Bundestag［2008］，S. 11-12 und S. 19. 公聴会での議論について，詳しくは，木下［2009］，7-9頁ならびにチュルヒ／デッツェン［2014］，152頁を参照。

(27) Deutscher Bundestag［2009］，S. 85. 例えば，ミュンスター大学のベットゲは，金融危機により市場が機能していない場合の公正価値は評価モデル（mark to model）で算定するしかなく，そのため情報の信頼性も適合性も損なうと結論づけた（Baetge［2009］，S. 13-23.）。なお，決議勧告の理由書によれば，「売買用保有」とは，金融商品の売買を通じて短期的な利益の獲得を意図するものである。その限り「売買用保有」と「売買目的」は，ほぼ同義とみることができる。

(28) BilMoG［2009］．

(29) さらに，2012年の最小規模資本会社会計法修正法（MicroBilG）は，決算書作成の簡素化措置を最大限に利用する最小規模資本会社に対し，付すべき時価評価の禁止を第253条に定めた。MicroBilGの詳細は第7章を参照されたい。なお，付すべき時価の適用は，金融商品会計の他に年金会計や引当金の評価の領域で可能な場合がある。

(30)　Baetge/Zülch［2001］, S. 545-552. ベェトゲ／チュルヒは，FASBやIASBの公正価値
　　　会計を，全面公正価値コンセプトへの途上という意味で，"混合公正価値コンセプト
　　　（Mixed Fair Value-Konzept）" と表現している。

(31)　Ebenda, S. 550.

(32)　チュルヒ／デッツェン［2014］, 137-138頁。

(33)　同上，153頁。本章では，取得原価を上回る公正価値評価，すなわち評価益の計上を議
　　　論の焦点としている。他方，"不均等な公正価値コンセプト" に従えば，評価損を計上す
　　　る場面で，付すべき時価評価が容易に認められる可能性がある。

第10章　ドイツにおける非財務報告への対応
──CSR指令転換法の特徴──

は　じ　め　に

　ドイツでは2017年に，企業の社会的責任（CSR）指令転換法[1]が制定された。同法は，EUのCSR指令（2014年）[2]をドイツ国内法化するものであり，EU全体でおよそ6,000社，そのうち約550社のドイツ企業が適用対象になる[3]。CSR指令は，一定のEU企業の非財務情報およびダイバーシティ（多様性）に関する報告の拡充を目的としており，これを受けて，ドイツでは非財務報告／非財務的説明[4]に関する新規定がHGBに導入された。

　本章では，CSR指令転換法を考察し，非財務報告の規制方針がIFRSへのドイツの対応，すなわち"適度な接近"のスタンスと重なる点を明らかにする。

1　EUのCSR指令の要点

　EUのCSR指令は，非財務情報に対するニーズの高まりを背景に，EU域内の一定規模の大企業により開示される情報の目的適合性，一貫性そして比較可能性の向上[5]を目的として2014年に制定された。CSR指令では，持続可能なグローバル経済への移行を目指すにあたり，非財務情報の開示を通じて，投資家および消費者からの信頼性を高めることの必要性が唱えられている。そこで求められる非財務情報とは，環境的，社会的そして従業員の利害，ならびに人権

の顧慮，汚職・贈収賄防止の取組みに関するものとされる[6]。

　こうした非財務報告の重要性は，2011年10月のEU委員会の公式意見書「CSRに関するEUの新戦略（2011年～2014年）」で提起され，続く2013年2月のEU議会の決議「CSRについて：報告義務があり，透明でかつ責任のある企業行動と持続的な成長」において強調された[7]。

　EUのCSR指令では，第19a条「非財務的説明」ならびに第29a条「連結の非財務的説明」が新たに設けられ，2016年12月を期限に加盟国法への転換が求められた[8]。第19a条によれば，公益性を有し，かつ年平均500人以上を雇用する大規模企業が，非財務的説明を状況報告書に含めなければならない。

　EUは公益性を有する企業を次のように定義している。

　—加盟国の法律に服し，譲渡可能な有価証券の取引が加盟国の規制市場で認
　　可されている企業

　—信用機関

　—保険会社

　つまり，第19a条の要件に該当する企業とは，資本市場指向企業ならびに金融機関である。当該企業は，営業経過，営業損益，状況ならびに企業活動への影響を理解するのに必要な限り，環境的，社会的そして従業員の利害ならびに人権の顧慮，汚職・贈収賄防止の取組みにかかわる事項を非財務的説明に含めなければならない。さらに，当該事項に関連する次の記載が求められる。

　a）企業の営業形態に関する簡潔な記述

　b）注意義務・努力（Due-Diligence）のプロセスを含む，上述の諸事項にかか
　　わるコンセプトの実現に関する記述

　c）当該コンセプトの成果

　d）企業の営業活動にとってマイナスの影響が見込まれる，諸事項に関連す
　　る重要なリスク，ならびに当該リスクへの企業の対応

　e）営業活動にとり最も重要な非財務的業績指標

　こうした諸事項のうちの1つ，もしくは複数に対するコンセプトが未実現の場合，非財務的説明においてその旨と理由を示さなければならない（1項）。

　第19a条ではさらに，状況報告書における非財務的説明に代えて，非財務情報に関する報告書を別途作成すること，また決算日から6か月以内に，インターネット上での公表を認める等の選択肢を加盟国に認めている（4項）。なお第29a条は，連結状況報告書に関してのものであり，文言上は第19a条とほぼ同じである。

　CSR指令の第一の特徴は，非財務報告義務の対象企業の範囲，そして提供すべき情報の具体化が図られた点である。EUでは従来，非財務報告に関する規制は，対象を大規模資本会社に限定した上で，指令の第19条および第29条で行われていた。ドイツは，当該規定をHGB第289条と第315条に転換し，会社の営業経過または状況の理解にとって重要な限り，環境および従業員の利害にかかわる非財務的業績指標を（連結）状況報告書に記載すべきとした。CSR指令は，第19条と第29条を残したまま，新規定（第19a条ならびに第29a条）を追加することで，対象を「公益性を有し，かつ年平均500人以上を雇用する」会社と定め，また非財務情報として，環境および従業員にかかわる事項のほかに，社会的，ならびに人権の顧慮，汚職・贈収賄防止の取組みにかかわる事項を具体化している[9]。

　CSR指令の第二の特徴は，非財務報告に関し，該当企業に「大きな裁量（hohes Maß an Handlungsflexibilität）」[10]を認めた点である。すなわち，非財務報告の内容・形態にかかわる複数の選択肢を認めつつ，非財務情報に対する投資家およびその他の利害関係者のニーズを考慮するというスタンスがとられた。

　そして第三の特徴は，非財務報告で追加負担が生じる中小規模企業に配慮した点である。すなわち，非財務報告が義務づけられるのは主として資本市場指向企業のレベルであり，非資本市場指向企業，とりわけ中小規模の企業は非財務報告を免除される。これは，大規模企業に比べて様々な場面で競争上，不利な立場に置かれている企業群の保護を意図したもので，"中小企業優先"のスローガン[11]に基づく対象企業の二元的な区分である。

2　ドイツのCSR指令転換法の特徴

　CSR指令は，CSR指令転換法を通じて，主として状況報告書ないし連結状況報告書に関するHGB規定に転換された[(12)]。非財務情報を提供する（連結）状況報告書は，「ドイツにおいて長きにわたる伝統を有し，そして広く普及している確かな情報伝達媒体である。そのため，財務報告および会計への影響を広く考慮しつつ，状況報告書の伝統に沿う形で非財務報告に関する新たな義務を慎重かつ確実に導入すべき」[(13)]とされていた。非財務的説明の要件は，資本会社に対して新たにHGB第289b条～第289e条として成文化された（連結状況報告書については，第315b条および第315c条）。

(1) 対象企業

　非財務報告を行うべき企業の範囲は，HGB第289b条（ならびに第315b条）に定められた。同条1項によれば，次の基準を充たす資本会社が非財務報告の義務を負う。

　　―HGB第267条3項の意味で「大規模」である
　　―（年平均）500人以上を雇用する
　　―HGB第264d条の意味で資本市場指向である

　すなわち，非財務報告を義務づけられるのは，まずは500人以上を雇用する大規模な資本市場指向の資本会社である。さらに，EUの「公益性を有する企業」の概念に倣い，資本市場指向か否かにかかわらず，500人以上を雇用する信用機関および保険企業もまたその対象に含まれる。

　ドイツ連邦官報の運営者による見積もりでは，およそ550のドイツ企業が対象となり，そのほぼ半数が銀行，貯蓄銀行そして保険企業といわれる。こうした対象企業の範囲の確定は，ドイツ法へのCSR指令の「一対の転換（1 zu 1 Umsetzung）」方針に基づいており，各方面からの適用範囲のさらなる拡大要請に対し，ドイツの立法者はそれに従わなかった[(14)]。

(2) 報告形態

　非財務的説明は，原則として状況報告書において行われるが，それにはいくつかの方法が認められる。第289ｂ条によれば，該当企業は，基本的に次の3つの報告形態を選択できる。

　―状況報告書での（従来型の）非財務的説明（選択肢①）
　―状況報告書上で，独立項目として行う非財務的説明（選択肢②）
　―状況報告書で言及の上，別途，非財務報告書を作成・公表（選択肢③）

図表10-1　非財務的説明に関する報告形態の選択肢

選択肢①		選択肢②		選択肢③		
状況報告書 非財務的説明	or	**状況報告書** 非財務的説明	or	**状況報告書** 非財務的説明 に関する言及	＋	**非財務報告書**

(出所) Kajüter [2017], S. 619に基づき筆者作成

　図表10-1が示すように，非財務情報に関する記載を，状況報告書の既存の様式に含めるか，それとも状況報告書内の独立項目として行うかは企業の判断に委ねられる。さらに，状況報告書上での非財務的説明に代えて，状況報告書とともに，別途，非財務報告書を公表することも認められる。なお，非財務的説明の開示が会社にとって重大な不利益となる場合，特例として，非財務的説明の内容を限定することができる（第289ｅ条1項）。

　このようにCSR指令転換法は，非財務報告の主体となる企業に，報告形態（様式）に関する“最大限の柔軟性”，すなわち多様な選択肢を認めるものである。その限り，該当企業は，従来の報告実践を基本的に継続可能である[(15)]。

(3) 具体的な報告内容

　非財務的説明の具体的な内容は，第289ｃ条に新たに定められた。また新第315ｃ条により，第289ｃ条の内容が連結状況報告書に準用される。新規定が求

めるのは，非財務情報として提供すべき「最低限の内容」であり，非財務報告に関する柔軟性を損なうことなしに，非財務情報の比較可能性が改善されるという。最低限の内容を超える任意の記載も可能である[16]。

図表10-2は，非財務的説明として提供すべき最低限の内容を示したものであり，基本的にはCSR指令（第19a条，第29a条）のものとほぼ同じである。

図表10-2　非財務的説明に関する最低限の内容

営業形態

非財務的観点

環境保護	従業員の利害	社会関連	人権の顧慮	汚職・贈収賄防止の取組み	その他の事項

- コンセプトの実現（正当な注意義務・努力の手続きを含む）
- コンセプトの成果
- 営業活動に関連する重要なリスク
- 取引関係および製品／サービスに起因する重大なリスク
- 最も重要な非財務的業績指標
- 場合により，決算書上の項目に関する言及

コンセプトがない場合：
理由の記載

（出所）Kajüter［2017］，S. 620を一部修正

図表10-2からわかるとおり，非財務的説明で求められる内容は，営業形態の簡潔な記述（第289c条1項）に加えて，次の5つの非財務的観点にかかわる事項（同条2項）である。

　―環境保護
　―従業員の利害
　―社会関連
　―人権の顧慮
　―汚職・贈収賄防止の取組み

　さらに，第289c条2項に掲げる諸事項に関しては，同条3項に基づき，資本会社の営業経過，営業損益，状況ならびに上述の諸事項に対する営業活動の影響の理解に必要な限り，次の記載が求められる。

—正当な注意義務・努力の手続きを含む，コンセプトの実現，ならびにコンセプトの成果。第289c条2項に掲げられた事項のうちの1つ，もしくは複数に対するコンセプトが未実現の場合，その旨と理由を示さなければならない（第289c条4項）。

—会社の営業活動もしくは取引関係，製品およびサービスから生じ，第289c条2項に掲げられた非財務的事項に対して極めて深刻な影響を及ぼす，あるいは及ぼす可能性のある重大なリスク。そして，かかるリスクへの会社の対応。

—会社の営業活動にとり最も重要な非財務的業績指標

—理解を深めるために必要な限り，非財務的説明において，年度決算書に表示された個々の金額への言及およびその解説

図表10-3　非財務的説明の区分

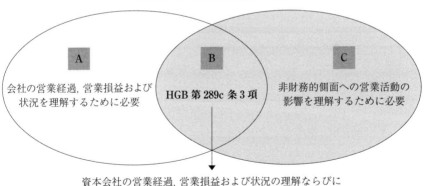

（出所）Kajüter［2017］，S. 621を一部修正

　なお，非財務情報に関する報告対象は明確に区分される。上述のとおり，第

124

289c条3項によれば，会社の営業経過，営業損益および状況の理解ならびに非
財務的側面への営業活動の影響を理解するために必要な限り，非財務的説明を
行わなければならない。同規定により従来，第289条3項に定められていた非
財務的業績指標に関する記載内容に変化が生じる。すなわち，記載が求めら
れる事項は，会社の営業経過，営業損益および状況の理解に加えて，非財務的
側面への営業活動の影響を理解するために必要な事項である。これにより，第
289c条3項に基づく報告義務は，第289条3項による従来の範囲とは異なる。
それは，図表10-3でいえばBの部分であり，AとCの部分は，非財務報告に関
する「最低限の内容」とはみなされない(17)。

(4) 拠るべき指針

　第289d条によれば，非財務的説明に際し，企業は国内，EU，そして国際的
な指針に依拠することができる。それに該当するのは，多国籍企業に対する
OECDの指針，GRI（Global Reporting Initiative）G4ガイドライン，ドイツ持
続可能性コード，環境マネジメント・システム（EMAS），国連グローバル・コ
ンパクト，ビジネスと人権に関する指導原則，国際標準化機構のISO 26000で
ある。企業がこれら指針のいずれか1つに従う判断をした場合，当該指針に言
及した記載を行わなければならない。他の場合には，“遵守か，さもなければ説
明（Comply-or-Explain）”アプローチに基づき，指針に依拠しなかった理由を説
明しなければならない(18)。

(5) 非財務情報の監査

　非財務報告に関しては，監査も重要な論点である。（連結）状況報告書につい
ては，HGB第316条に基づき，決算書監査人による監査が義務づけられる。状
況報告書に対する監査の対象および内容は第317条に定めがある。それによれ
ば，年度決算書，連結決算書およびそれに対する監査で得られた認識に状況報
告書が合致しているかどうかを監査しなければならない。さらに，状況報告書
が全体として，企業状況の適切な写像を伝達し，チャンスとリスクを伴う将来

の展開を適切に示しているかどうかを監査しなければならない。他方，非財務情報の監査については，これまで統一的な規制はなかった[19]。

　CSR指令転換法による新第317条によれば，決算書監査人は（連結）状況報告書において，非財務情報に関する記載が行われているかどうかを監査する必要がある。したがって，（連結）状況報告書自体は監査の対象となるものの，非財務情報の具体的な内容に対するものではなく，非財務的説明が行われているかどうかの形式的な監査にとどまる。つまりドイツは，非財務報告に対する実質的な監査を導入しない形で，CSR指令による加盟国選択権を利用した[20]。なお，該当企業は任意で，非財務報告に関する内容上の追監査を受けることができる。その場合，決算書監査人かどうかに関係なく，監査人を自由に選任できる[21]。

3　非財務報告をめぐる不確定法概念

　以上のように，ドイツにおける非財務報告は，（連結）状況報告書を基本的な受け皿とした上で，具体的な報告内容・形態については複数の選択肢を認めるものになっている。そして，非財務報告をめぐるこうした柔軟性は，HGB上の"不確定法概念"によっても支えられる点に留意しなければならない。「非財務的業績指標」という用語自体，不確定法概念とみなされる[22]。

　第289条3項に基づき，非財務的業績指標は，会社の営業経過および状況の理解にとって必要な限り，その記載が求められる。非財務的業績指標とされていたのは，従来，環境および従業員の利害に関連するものであった。会計法改革法（BilReG）の政府法案によると，非財務的業績指標には，さらに人的資源，顧客による評価，研究開発，会社の社会的評価等が加わる。こうした不確定法概念たる非財務的業績指標は，CSR指令転換法を通じて5つの事項としてより具体化された。すなわち，環境的，社会的そして従業員の利害ならびに人権の顧慮，汚職・贈収賄防止の取組みにかかわる事項である[23]。

　ここで注目すべきは，非財務報告についても不確定法概念の存在，ならびに

その解釈が前提になるという点である。ドイツ会計制度における不確定法概念の代表は，正規の簿記の諸原則（GoB）（HGB第238条，第243条）であり，それは年度決算書作成の際の一般規範とみなされるが，他方で，GoBは状況報告書には適用されない。状況報告書はGoBとは切り離して作成され，その代わりに「正規の状況報告書作成の諸原則（GoL）」が適用される[24]。

つまり，状況報告書において非財務報告を行うことは，「文献で提唱され，ドイツ会計基準（DRS）第20号に定められるGoLが非財務報告にも適用されることを意味する。」[25]状況報告書の内容に関して，HGB第289条〜第289f条（連結状況報告書については第315条〜第315d条）に定めがあるものの，そこでの表現は抽象的であり，報告の実践には，民間のドイツ会計基準委員会（DRSC）が策定するDRS第20号「連結状況報告書」が重要になる。GoLは，HGB上に成文化されておらず，一部はDRS第20条において確認できる。主なGoLは，正確性原則，完全性原則，明瞭性・要覧性原則，比較可能性原則，経済性・重要性原則，情報義務の階層化原則そして衡平原則である。それらを個々に説明すれば，以下のとおりである[26]。

―正確性原則は，間主観的に検証可能，すなわち客観的かつ恣意性のない，状況報告書での事実に即した記述を求める。正確性原則を補完するものとして，信頼性原則がDRS第20条17-19に定められている。

―完全性原則（DRS第20号12-16）に基づき，企業の経済状態が包括的に報告され，入手可能なあらゆる情報が利用されなければならない。どの事態を報告すべきか，またそうでないかは，状況報告書利用者に対して保証すべき情報ニーズを勘案して判断しなければならない。

―明瞭性・要覧性原則（DRS第20号20-30）は，状況報告書において，簡潔で理解可能，そして要覧的な情報の呈示を要請する。状況報告書は体系的に構成される必要があり，その構成は法律上，第289条で要求される状況報告書の諸要素に基づく必要がある。

―比較可能性原則によれば，連続する営業年度において，状況報告書に含まれる情報，用いられる専門用語，そして表示形式の選択基準が同じでなけ

ればならない。

—経済性・重要性原則は，原則として，状況報告書による情報伝達が経済的であることを求める。重要性原則は，連結状況報告書作成のための独立した原則として，DRS 第 20 号に初めて採用された（DRS 第 20 号 32-33）。

—業種および企業規模に基づく情報義務の階層化原則によれば，小規模／多角化の乏しい企業の状況報告書に対しては，大規模／非常に多角化している企業の状況報告書よりも要求は少ない。当該原則により，小規模／多角化の乏しい企業は，状況報告書で詳細な情報を提供する必要がなくなる。当該原則は，DRS 第 20 号 34-35 に定められている。

—衡平原則によれば，リスクとチャンスは等しく扱われ，記述されなければならない。こうした衡平的報告は，DRS 第 20 号に明示されている（DRS 第 20 号 18）。

　このように，文献で提唱され，一部は DRS 第 20 号に定められた GoL が，（連結）状況報告書を基点とする非財務報告にも適用され，重要な役割を果たすことになる。DRS 第 20 号は，まずは連結状況報告書の作成に関する基準であるものの，それに限定されるわけではない。状況報告書に関する規定（第 289 条）と連結状況報告書に関する規定（第 315 条）は，文言的にはほぼ同じで目的が一致しているため，DRS 第 20 号は個別決算書にとっても大きな意味をもつ[27]。つまり，GoL の適用が非財務報告の要件となるのであり，この点は，ドイツ会計制度における非財務報告の重要な特質であると考えられる。

お　わ　り　に

　本章では，CSR 指令転換法に基づく，非財務報告の充実化を意図したドイツの制度改革について論究した。その考察結果は，以下のようにまとめることができる。

　まず，ドイツでは，非財務情報の提供が基本的に（連結）状況報告書を中心に行われる点に特徴がある。状況報告書は，年度決算書（貸借対照表・損益計算書・

附属説明書）の構成要素ではないものの，ドイツでは以前からその重要性が広く認知されている会計文書であり，リスクやチャンス（機会）を伴う将来関連情報や非財務的業績指標の提供を通じて，年度決算書情報の「詳細化」と「補完」を図るものである[28]。CSR指令転換法では，状況報告書に対する新たな規定をもって，環境的，社会的そして従業員の利害，ならびに人権の顧慮，汚職・贈収賄防止の取組みにかかわる事項の説明という形で，非財務情報の内容がより具体化された。つまり，年度決算書情報の「詳細化」と「補完」の役割を担う状況報告書，そしてそれを規制するHGBが，ドイツにおける非財務報告の基本的な受け皿になっている。

　次に注目すべきは，非財務報告の内容および形態に関する"最大限の柔軟性"，すなわち多様な選択肢の導入が，EUのCSR指令の形成とその転換プロセスにおいて一貫している点である。CSR指令自体，非財務報告に関する多くの選択権と裁量の余地を含んでおり，ドイツはCSR指令の転換にあたり，その選択の幅を最大限に活用した。すなわち，資本市場指向企業を基本的な対象にすると同時に，非財務報告の「最低限の内容」とその報告形態に関する柔軟性を認めた。その限り，資本市場指向企業に対しては非財務報告に柔軟性を持たせ，非資本市場指向企業には同報告を免除するという，「資本市場指向」の切り分けに基づく二元的な規制方針が採用されている。加えて，対象企業に認められる非財務報告の柔軟性は，状況報告書にかかわる「不確定法概念」により支えられる点を見逃してはならない。

　以上のとおり，ドイツでは非財務報告の充実化に向けて，資本市場指向企業を対象としつつ，そのレベルで多様な報告の選択肢を認めるという国際的潮流への"適度な接近"が図られている。これは，IFRSへのドイツの対応[29]の方向性と軌を一にするものである。

注
(1)　CSR-Richtlinie-Umsetzungsgesetz［2017］．正式名称は「状況報告書および連結状況報告書における企業の非財務報告強化に関する法律」である。
(2)　EU［2014］．正式名称は「非財務およびダイバーシティ（多様性）にかかわる情報の開

示に関する企業の社会的責任（CSR）指令」である。

(3)　Böcking/Althoff［2017］, S. 6.

(4)　ドイツの文献では，「非財務報告」ないし「非財務的説明」という2つの表現がみられる。とくに「非財務的説明」は，HGBに成文化されている用語である。本章では可能な限り，非財務情報の提供という行為一般を表す場合に「非財務報告」，HGBの規定に即して論述する場合は「非財務的説明」と表記している。なお，ダイバーシティ報告に関する言及は割愛する。

(5)(6)(7)　EU［2014］, S. 1-2.

(8)　Ebenda, S. 4-8.

(9)　Lanfermann［2015］, S. 323.

(10)　EU［2014］, S. 1.

(11)　Ebenda, S. 4-8.

(12)　Weller/Meyer［2017］, S. 125. なお，CSR指令転換法については，連邦法務・消費者保護省（BMJV）から2016年3月に参事官草案が公表され，同年9月に政府法案，その後，2017年3月に連邦議会で可決，翌4月に施行された。

(13)　DRSC［2016］, S. 2.

(14)　Kajüter［2017］, S. 618.

(15)(16)　Ebenda, S. 619.

(17)　Ebenda, S. 620-621.

(18)　Baetge/Kirsch/Thiele［2017a］, S. 780-781.（稲見（監訳）［2018］, 227頁。）

(19)　Böcking/Althoff［2017］, S. 9-10.

(20)　Kajüter［2017］, S. 623.

(21)　Ebenda, S. 624.

(22)　Böcking/Althoff［2017］, S. 4.

(23)　Ebenda, S. 4-5. CSR指令転換法以前の状況報告書規定の変遷，ならびに非財務的業績指標の記載に関しては，五十嵐［2013］（第11章・第12章）が詳しい。五十嵐によれば，我が国の場合，「事業報告」が状況報告書に相当する。

(24)　Baetge/Kirsch/Thiele［2017a］, S. 743-744.（稲見（監訳）［2018］, 209-210頁。）

(25)　Kajüter［2017］, S. 618.

(26)　より詳しくは，Baetge/Kirsch/Thiele［2017a］, S. 744-747.（稲見（監訳）［2018］, 209-212頁。）を参照。そこでは，GoBシステムを範型とする形でGoLが体系化されている。

(27)　Ebenda, S. 741-742.（同上訳書, 208頁。）なお，ここでは立ち入らないが，DRS第20号もCSR指令転換法を機に修正が加えられている。この点に関し，例えばKirsch, H.［2017］を参照。

(28)　Ebenda, S. 742.（同上訳書, 208頁。）

(29)　IFRSへの"適度な接近"の構図は，第1章を参照されたい。

第11章　欧州裁判所の判例が支えるドイツの会計思考
——GIMLE 判決の検討を中心に——

は　じ　め　に

　ドイツにおいては，1985年の会計指令法（BiRiLiG）を通じて，EU（当時はEC）の会計関連指令（第4号，第7号，第8号指令）がHGBに転換された。以来，HGBは多くのEU指令を取り込んでおり，いわば汎欧州・国際的側面を有している。これはドイツに限らず，すべての加盟国にあてはまる。

　そして，EU指令の解釈にかかわる係争が生じる場合，欧州裁判所（EuGH）による「先決的判決（Vorabentscheidung；preliminary ruling）」[(1)] の可能性が開かれる。先決的判決とは，EU法と加盟国法の統一的な解釈を確保するために，加盟国の裁判所が係争問題を処理するにあたり，事前に欧州裁判所に判断を求める制度である。つまり，欧州裁判所は域内での係争に対し，EUの最高裁として，会計関連指令の解釈に対する決定権限をもつ。

　会計係争にかかわる先決的判決としては，Tomberger判決（1996年）を端緒とし，DE+ES判決（1999年），そしてBIAO判決（2003年）へと連なる3つのドイツの事例がある。そして最近の判例として，ベルギーの係争を対象にしたGIMLE判決（2013年）があり，筆者の知る限り，同判決が4つ目の事例である。

　本章の目的は，GIMLE判決の分析を中心に，我が国ではほとんど言及されていない先決的判決の展開を描き出すことである。と同時に，欧州裁判所の判旨が，アングロサクソン的会計規範，とりわけIFRSに対して"適度な接近"を図

るドイツのスタンスと重なる点を明らかにする。

1 ドイツの係争を扱った3つの判例

　先決的判決の最初の事例は，ドイツの会計係争を扱ったTomberger判決であり，それにDE＋ES判決，そしてBIAO判決が続く形となった。GIMLE判決の検討に入る前に，まずは先行の3つの判例を整理しておきたい[2]。

（1）Tomberger判決

①係争の概要

　Tomberger判決は，民事・刑事を扱う連邦通常裁判所（BGH）を舞台に，ドイツに所在するW社とその出資者であるトムベルガー（Tomberger）女史との係争を対象としたものである。この係争では，W社が単独資本参加している2つの会社（T社およびG社）の1989年度の利益に対する配当請求権を，同社の1990年度の決算書に計上したことが問題となった（利益処分決議は1990年6月）。原告のトムベルガー女史の主張は，W社が当該請求権を1989年度の決算書に計上すべきであって，その処理のない同社の決算書は無効であるとするものであった。したがって争点は，W社が利益配当請求権をどの営業年度に計上すべきか，すなわち1989年度かそれとも1990年度か，いずれがEU指令ならびにドイツ法（HGB）にいう実現原則の解釈に適合した処理かという点である。

　BGHはこの問題に対し，HGBに転換された第4号指令の解釈がまず必要として，その判断を欧州裁判所に求めた。これにより，域内の会計係争が初めて欧州裁判所の先決的判決の対象となった。

②判決の要点

　BGHの付託決定を受けて，1996年6月27日の判決[3]（および1997年7月10日の判決訂正決定）をもって欧州裁判所の判断が下された。Tomberger判決をめぐる最大の焦点は，欧州裁判所が域内の会計係争に対し，そもそも決定権限を有するのか否かということであった。欧州裁判所が実際に先決的判決を下したた

め，実現原則の解釈でさえも，判断の対象になるという認識がもたらされた。

　判決としては，一定の要件[4]のもとで，利益配当請求権をW社の1989年度に計上することがEU指令の解釈に妥当すると判断された。この判断は，利益処分決議に基づく債権の法的な発生にこだわらない，いわゆる「経済的観察法」に依拠したものであり，同種の問題を扱ったBGH判決（1975年11月3日）に基づく実務慣行に沿うものであった。

　③true and fair viewへのドイツ的対応

　また注目されるのは，欧州裁判所がその判断に際し，第4号指令第2条にいう「会計真実性原則（Grundsatz der Bilanzwahrheit）」（以下，真実性原則）を重要視し，同原則の遵守がEU指令の命題であると明言した点である。同条には，文言上，イギリス会社法の概念であるtrue and fair view（真実かつ公正な概観）が採用された。第2条のドイツ語版によれば，「年度決算書は，会社の財産，財務および収益状態の実質的諸関係に合致する写像を伝達しなければならず」（3項），また「指令規定の適用が3項の義務と調和しない例外的なケースにおいて，実質的諸関係に合致する写像の伝達を確保するため，当該規定から離脱しなければならない」（5項）。この「実質的諸関係に合致する写像」が，true and fair viewのドイツ語相当表現であり，その伝達要請が，ドイツでは一般に真実性原則とよばれている[5]。

　第4号指令第2条は，ドイツでは，1985年のBiRiLiGを通じてHGB第264条2項に転換された。それによれば，「資本会社の年度決算書は，正規の簿記の諸原則（GoB）を遵守した上で，資本会社の財産，財務および収益状態の実質的諸関係に合致する写像を伝達しなければならない。特別の事情により，年度決算書が1文にいう実質的諸関係に合致する写像を伝達しないときは，附属説明書で追加的な記載を行わなければならない」。

　この条文（HGB第264条2項）からわかるように，特徴的なのは，「実質的諸関係に合致する写像（true and fair view）の伝達」という要請が，ドイツではGoBによる限定を受けるという点である。さらにドイツは，「例外的なケースにおける指令規定からの離脱義務（第4号指令第2条5項）」に関しても，それを成文

化しなかった。

(2) DE+ES 判決

①係争の概要

　第二の事例であるDE+ES判決は，ケルン財政裁判所を舞台に，DE+ES建設
とベルクハイム税務署との係争を扱ったものである。DE+ES建設は，一定の
契約にかかわる保証給付債務に対し，1993年度に，売上の2%相当を引当金と
して一括的に計上した。これに対し，ベルクハイム税務署は同引当金の評価額
に異議を唱え，0.5%相当のみを認めるとした。DE+ES建設は，これを不服と
してケルン財政裁判所に提訴した。

　ケルン財政裁判所は，こうした引当金の解釈にあたり，その判断を欧州裁判
所に付託した。その場合，主な論点は2つであった。1つは，個々の保証給付
リスクに対して（個別に）引当金を計上するのではなく，リスクを総括的に見積
もって引当金を計上することが，EU指令ならびにドイツ法にいう個別評価原
則に抵触するのかどうかという点である。そしてもう1つは，争点の一括引当
金の計上を認める場合，誰が引当率を決定するのかという点である。

②判決の要点

　1999年9月14日の先決的判決[6]では，争点の一括引当金の計上がEU指令の
解釈に妥当すると判断された。まず，引当金が計上されなければ，それは慎重
原則に反し，しかも真実性原則を履行できないということである。またその際，
引当金の一括的な計上は，「例外的なケース」として許容され，その限りで個別
評価原則は後退せざるを得ないという判断である。さらに，引当率の判断主体
について，第4号指令に言及はなく，そのため引当金規準の具体化は，加盟国の
立法者もしくは裁判所に委ねられるとされた。

　このようにDE+ES判決は，Tomberger判決に後続する第二の先決的判決の
事例として，域内の会計係争に対する欧州裁判所の存在感をさらに高めるもの
であった。また同判決は，真実性原則と慎重原則を両立させ，両原則の遵守と
いう観点から，争点の引当金を容認した点に特徴があった。

(3) BIAO判決

①係争の概要

第三の先決的判決の事例はBIAO判決である。これは，フランス法に服する BIAO銀行とドイツのハンブルク西税務署との係争である。パリに所在する BIAO銀行は，BIAO-Africa銀行と称する支社をハンブルクに有していた。同 支社は資本会社の法形態ではなく，またその業務は途上国への貸付に特化して いた。

本件では，BIAO-Africa銀行が，チリの銅採掘会社への貸付にかかわる，い わゆるカントリー・リスクに対して引当金を計上したことをめぐって争われた。 問題とされたのは，1989年度の事業税の額である。チリ国営の銅採掘会社に対 するBIAO-Africa銀行の貸付額は，同行の貸借対照表合計額のおよそ6％に相 当していた。BIAO-Africa銀行は，1989年度に，同貸付額の25％をチリのカン トリー・リスクにかかわる「未決取引から予想される損失に対する引当金」と して一括的に計上した。

当時，事業税の管轄であったハンブルク西税務署は，争点の引当金を否認 した。BIAO銀行はこの決定に異議を唱え，ハンブルク財政裁判所に提訴し た。このような経緯のもとで，ハンブルク財政裁判所は欧州裁判所に判断を 求めた。その内容は主に次の2つであった。1つは，欧州裁判所の決定権限が 資本会社に対する規定に限定されず，それ以外の法形態に対する商法規定の解 釈，さらには税務にかかわる問題に及ぶのかどうか，そしてもう1つは，カント リー・リスクにかかわる引当金の一括的な計上が個別評価原則に抵触するのか どうかである。

②判決の要点

2003年1月7日の先決的判決[7]では，まず，非資本会社に対する規定の解釈 にも欧州裁判所の権限が及ぶとされた。しかも，商法規定が課税所得の算定 と結びつく限り，税務の領域にも決定権限が及ぶ可能性を肯定するものであっ た。その上で，争点のカントリー・リスクにかかわる引当金に関し，真実性原 則ならびに慎重原則の遵守の観点からみて，同引当金の一括的な計上はEU指

令の解釈に矛盾しないという判断が下された。

　BIAO判決は，税務の場面での係争を扱う（ハンブルク）財政裁判所を舞台に提起されたこと，そして一括引当金の計上問題を扱ったという意味で，DE+ES判決に後続する事例であった。しかも，BIAO-Africa銀行は資本会社形態ではなく，そのためドイツ会計法の体系上，資本会社以外の会社形態に対する規定の解釈問題，さらには商法のみならず税法にかかわる領域にまで決定権限が及ぶことに言及した点に，同判決の特徴があった。

　以上，Tomberger判決を端緒とし，DE+ES判決，そしてBIAO判決へと続くドイツの係争事例は，資本会社固有の問題にとどまらず，それ以外の法形態の会社の決算書領域へ，また商法会計をめぐる問題から一定の範囲で税務会計の領域へと拡がる傾向を示すものであった。その際，3つの判例に共通するのは，真実性原則の遵守がEU指令の命題とされた点である。と同時に，（一括）引当金の計上問題にかかわって，DE+ES判決とBIAO判決ではとりわけ慎重原則が強調され，同原則と真実性原則との両立が唱えられた点に注目しなければならない[8]。

2　GIMLE判決の内容

(1) 係争の概要

　GIMLE判決は，先行の3つの判決と異なり，ベルギーの係争を扱ったものである。ただし，EU第4号指令はすべての加盟国に転換されており，GIMLE判決の影響はベルギー国内に限定されるものではない。しかも，ベルギーでは商法上の個別決算書が課税所得算定の基礎になっており，同種の形態を採るドイツにとっても，GIMLE判決は考慮すべき重要な判例となる[9]。

　GIMLE事件の概要は次のとおりである[10]。

　ベルギー法に服するGIMLE社は，イギリスに居住するスウェーデン国籍のS氏とL女史が1998年11月26日に設立した株式会社であり，その事業は株式の取得と運用である。GIMLE社は設立の翌日，すなわち11月27日に，S氏が

設立したスウェーデン法に服するT社の株式50株を1株当たり100（スウェーデン）クローナ，計5,000クローナで取得した。その38日後の1999年1月4日，GIMLE社はスウェーデン法に服するE社に同株式すべてを1株当たり340,000クローナ，計17,000,000クローナで売却した。これは取得時と比べて3,400倍の金額である。GIMLE社は，こうした株式売却益はベルギーの税法上，課税対象外になると主張した。

　これに対し，ベルギーの税務当局は，株式が著しく低価で取得され，しかもごく短期間に売買されており，実際の価値は売却時点（1999年1月4日）の価格，すなわち17,000,000クローナ（1株当たり340,000クローナ）とみなすべきであり，当該価格と購入価格との差額に相当する金額（74,776,696ベルギーフラン：1,853,668ユーロ相当）が課税対象になると通達した（2002年11月19日付）。GIMLE社は同通達に異議を唱え，ベルギーでの1審および2審では，GIMLE社の主張が認められた。その際，EU第4号指令を転換したベルギー国王令の第3条，第4条，そして第16条等の解釈が争点になった。

　その結果を受けて，ベルギーの税務当局は上訴した。ベルギーの最高裁判所は，EU指令の解釈がまず必要とし，その判断を2012年6月1日に欧州裁判所に付託した。すなわち，株式の取得価格が実際の価値と明らかに乖離し，それにより財産，財務および収益状態に関する写像が歪められる場合，EU指令の解釈上，取得原価評価から離脱した価格をもって会計処理すべきかどうかという問題である。

　この手続きにはGIMLE社のほか，ベルギーおよびドイツ政府，さらにEU委員会が加わり，それぞれが意見表明を行った。GIMLE社ならびにドイツ政府の見解は，第4号指令第32条は取得原価評価を定めており，当該評価からの離脱はきわめて「例外的なケース」に限られ，本係争はそれに該当しないというものであった。またEU委員会は，Tomberger判決やDE＋ES判決といった先行の判例を引き合いに出し，真実性原則（true and fair view 原則）に抵触する限りにおいて，指令規定からの離脱が求められる点を強調した。

　よってGIMLE社，ドイツ政府そしてEU委員会からみれば，本係争に関し，

取得原価評価（第4号指令第32条）から離脱はできないというものであった。さらにドイツ政府は，実際の価値よりも低い取得原価評価を通じて秘密積立金の設定が可能となり，それは慎重原則（第4号指令第31条）に合致すると主張した。

　それに対して，ベルギー政府は，実際の価値よりも明らかに低い取得原価の適用は，会社の実質的諸関係に合致する写像を歪めるものであり，本係争こそ「例外的なケース」に該当すると主張した。

(2) 判決の要点

　こうした意見を踏まえた上で，欧州裁判所は，2013年10月3日に先決的判決を下した。そこで判断されたのは，上述の第4号指令第2条の解釈である。同条の判断は，判決主文として次のように示された。

　　「第4号指令第2条3項から5項に掲げられる真実性原則は，資産の取得原価
　　が実際の価値より明らかに低い場合であっても，実際の価値に基づく評価に
　　向けて，同指令第32条にいう取得原価に基づく評価原則から離脱することを
　　認めるものではない。」[(11)]

　この判決主文から明らかなとおり，欧州裁判所の判断は，第4号指令にいう真実性原則（true and fair view原則）を解釈すれば，本係争に関し，取得原価評価からの離脱は認められないとするものであった。この判断は，結果としてベルギーでの1審，2審と同様，GIMLE社の主張に沿うものである。また，先決的判決手続きにかかわったドイツ政府やEU委員会の立場とも重なる。

　欧州裁判所の判断理由は主に次の2つである。第一に，真実性原則は，第4号指令第31条に含まれる一般原則にできる限り依拠して適用される必要があり，その際，慎重原則に特別な意義が認められる。慎重原則に基づけば，利益は決算日時点で実現したものだけがその計上を許される[(12)]。

　第二に，真実性原則は，取得原価に基づく評価原則（第32条）に照らして解釈されなければならない。同原則に従えば，会社の年度決算書が伝達すべき実質

的諸関係に合致する写像（true and fair view）は，資産を実際の価値ではなく，取得原価で評価することによりもたらされる。取得原価評価からの離脱は，「例外的なケース」に限り認められるが，実際の価値よりも低い価格での計上はそのケースに該当しない。資産の過小評価は，取得原価評価を定めたEU立法者の判断による必然的な帰結である。ドイツ政府が主張したように，取得価格に基づく資産の過小計上は慎重原則に合致する[13]。

　このように欧州裁判所は，真実性原則の意義を確認する一方，その解釈にあたり，とりわけ慎重原則を重視し，また慎重原則と取得原価主義との密接な関係を認めたのである。さらに欧州裁判所は，GIMLE事件が「例外的なケース」に該当しないとして，取得原価評価からの離脱を認めなかった。

3　ドイツからみた GIMLE 判決の意味

　GIMLE判決で解釈が争点となった第4号指令は，新会計指令（2013年）に代替された。ただし，新会計指令による計算規定面の改正は限定的な範囲にとどまり，第4号指令の基本原理は新会計指令に継受されている（第8章参照）。そのため，GIMLE判決の意義は新会計指令の施行後も基本的に変わることはない。

　GIMLE判決の直後から，ドイツでは専門誌上でその分析が試みられた。なかでも，HGB会計に対する影響を詳細に検討したブラヴィドア／メーネルト（Bravidor, M./Mehnert, C.）は，欧州裁判所による真実性原則（true and fair view原則）の解釈について次のように評価している。

　欧州裁判所は—アングロサクソン的見解に依拠して—上位原則としての真実性原則の位置づけを強調する一方，同原則を—大陸ヨーロッパ型に特徴づけて——般の評価原則を通じて具体化し，制限を加えた。すなわち，欧州裁判所は評価原則に合致する限り，真実性原則を必要なものとみなしている。他方，評価原則の意義および内容は，加盟国選択権の行使を通じて具体化される。ドイツの商法会計上，真実性原則はGoBに合致する場合に履行されたものとみなされる[14]。欧州裁判所は（情報の）歪みを会計規定からの離脱ではなく，附属説明

書での追加的記載をもって補正する点を強調した。これは現行のドイツ商法実務に合致する[15]。

　また，ブラヴィドア／メーネルトは，慎重原則の解釈に関し次のように述べる。

　慎重原則には，GoB内での中心的役割が認められている。これは，立法者が不均等原則と実現原則を具体化したことから明らかである。取得原価主義はまさしく後者の表れである。立法者は債権者保護指向の利益計算，とりわけ資本維持を重視している。真実性原則に抵触する特殊な事例において，附属説明書での追加的記載が求められる。したがって，HGB第264条2項の一般規範は，商法年度決算書の情報機能を指向するものの，他方で，資本維持原則により限定される。すなわち，本係争に対してはドイツ商法の立場と同じく，取得原価主義が優先される[16]。

　欧州裁判所によれば，評価原則の解釈は，年度決算書の役割に応じて異なり得る。今回は厳格な慎重原則の解釈が選ばれた。その解釈によると，取得原価主義は慎重原則に包摂される。秘密積立金の設定，そして財産，財務および収益状態の表示の歪みについて，欧州裁判所は会計実務上の必然的な帰結とみなしている。さらに欧州裁判所は，真実性原則の履行のために指令規定から離脱すべき「例外的なケース」を狭義に解釈した[17]。

　こうしたブラヴィドア／メーネルトの評価をみる限り，欧州裁判所が，真実性原則の意義を確認すると同時に，他方で同原則を，慎重原則ならびに取得原価主義を強調することで相対化していることが判明する。これは大陸ヨーロッパ的な解釈が優先されたことを示すものである。

　とはいえ，近年のドイツの会計制度改革，とくに会計法現代化法（BilMoG）を通じてGoBに一部変化がみられたのも事実である。この点，ブラヴィドア／メーネルトは次のように述べている。ドイツの立法者は，BilMoGを通じて情報機能をより強化した。不均等原則，実現原則そして取得原価主義は，様々な特別規定により弱体化する方向で侵害された。そのため，真実性原則を指向する形で，GoBの新解釈が導かれる可能性がある。BilMoGの影響と情報機能のさらなる強化は，GoBを一部変容させ，とりわけ慎重原則を相対化させる潜在

的影響をもつ。しかしながら，GIMLE判決において欧州裁判所が慎重原則を強調した以上，当面，同原則の意義が揺らぐことはない[18]。

　また，ブラヴィドア／メーネルトと同様の評価は，ヘンリックス（Hennrichs, J.）の見解にもみられる。ヘンリックスによれば，欧州裁判所が慎重原則および取得原価主義を強調したこと，そして真実性原則に基づく「離脱機能」を相対化したことはドイツの会計慣行に合致する[19]。欧州裁判所の判断は，「慎重原則を尊重し，真実性原則をGoBの留保のもとで限定するドイツの会計慣行からみれば歓迎される。」[20]

　以上のとおり，GIMLE判決の分析がドイツで行われ，EU指令にいう真実性原則（true and fair view原則）の解釈と，慎重原則に対する欧州裁判所のスタンスが明らかにされている点が注目される。つまり，GIMLE判決の結果，EU指令のアングロサクソン的解釈への傾斜や，決算書の情報機能の強化に伴うGoBの揺らぎ，つまり慎重原則や取得原価主義の軟化に歯止めがかかったことがドイツで確認されているのである。

　したがって，GIMLE判決をみる限り，欧州裁判所の先決的判決は，加盟国会計規定の汎欧州・国際的側面を浮かび上がらせる一方，隣国ベルギーの係争を介して，true and fair view概念の転換をめぐるドイツの対応，そして慎重原則と結びつく取得原価主義の堅持という，現行のドイツ会計のあり方を追認する側面をもつ。その意味で，EU指令にいうtrue and fair view 概念，すなわち真実性原則の解釈は，加盟国での転換の態様に基づき非常に「相対的」[21]なものとみなければならない。

お　わ　り　に

　本章では，GIMLE判決に分析の重点を置きながら，EU域内の会計係争をめぐる欧州裁判所の判例を考察してきた。

　欧州裁判所の先決的判決というEU固有の訴訟手続きは，会計処理をめぐる係争にかかわって，ここ20年間で4つの判例を重ね，加盟国会計規定の汎欧州・

国際的側面を浮かび上がらせている。その場合，欧州裁判所が下す判断には，大きく分けて2つのケースが考えられる。1つは，加盟国の会計慣行に対して，欧州裁判所がそれに相反する判断を下すケースである。そしてもう1つは，加盟国の慣行を容認する形の判断を下すケースである。

　GIMLE判決は，ドイツからみれば明らかに後者に該当する。特徴的なのは，先行の3つの判例を踏襲して，真実性原則（true and fair view原則）の意義を確認する一方，他方で同原則を限定する形で慎重原則（ならびに取得原価主義）の遵守を強調した点である[22]。これは大陸ヨーロッパの思考に基づき，欧州裁判所のレベルでtrue and fair view概念が相対化されていることを意味している。

　その限りGIMLE判決は，アングロサクソン的会計規範，とりわけIFRSに対して"適度な接近"を図るドイツのスタンスを判例の側面から支える内容になっている。

注
(1)　「先決的判決」という訳語の他に，我が国では，「先行判決」「予備的審決」などの別訳がある。
(2)　この3つの判例は，稲見［2004］（第8章～第12章）で詳しく分析している。なお，係争にかかわる人物・会社名については，とくに必要でない限り，頭文字で表記している。
(3)　EuGH［1996］.
(4)　一定の要件とは，完全な支配関係にある親会社（W社）と子会社（T社およびG社）の営業年度が一致していること，またW社の1989年度の決算書監査終了以前にT社およびG社の利益処分決議が行われたことである。
(5)　例えば，Luttermann［2010］,S. 351. なお，真実性原則に関し，ドイツの文献上は"true and fair view原則／命令"と記されている場合もあり，表現が必ずしも統一されているわけではない。なお，HGBの条文の翻訳にあたり，宮上／フレーリックス（監修）［1993］を参照している。
(6)　EuGH［1999］.
(7)　EuGH［2003］.
(8)　先決的判決制度のもとでは，欧州裁判所による判断（先決的判決）の後，その趣旨に沿う形で加盟国の裁判所により結審が行われる。
(9)　Dziadkowski［2014］,S. 462. ドイツの場合，所得税法第5条に基づく「税務貸借対照表に対する商事貸借対照表の基準性」（基準性原則）により商法と税法が連携する。
(10)　EuGH［2013］,S. 3-4. GIMLE判決の内容について，より詳しくは，稲見［2016］を参照されたい。
(11)　EuGH［2013］,S. 8.

(12)　Ebenda, S. 6.
(13)　Ebenda, S. 6-7.
(14)　Bravidor/Mehnert〔2014〕, S. 598.
(15)　Ebenda, S. 602.
(16)　Ebenda, S. 600.
(17)　Ebenda, S. 598.
(18)　Ebenda, S. 602.（傍点筆者）
(19)　Hennrichs〔2015〕, S. 316.
(20)　Ebenda, S. 317.
(21)　Eggert〔2013〕, S. 116.
(22)　また, 慎重原則を重視するGIMLE判決の内容は, EUの会計制度改革にも大きな影響を
　　　及ぼすことが考えられる。とくにEU域内のIFRS適用をめぐるエンドースメント改革
　　　の場面においてである。例えば, GIMLE判決とほぼ同時期に公表されたEUのメイシュ
　　　タット報告書では, IFRSのエンドースメントにあたり, EUの公益と並んで慎重原則を
　　　重視することが提唱された（第5章参照）。

引用・参考文献一覧

【欧文献】

Arbeitskreis Bilanzrecht Hochschullehrer Rechtswissenschaft [2014], Überlegungen zur Umsetzung der EU-Bilanzrichtlinie RL 2013/34/EU vom 26. 06. 2013 in deutsches Recht, NZG 23, S. 893-895.

Ballwieser, W. [2002], Informations-GoB – auch im Lichte von IAS und US-GAAP, KoR 3, S. 115-121.

Baetge, J. [1992], Harmonisierung der Rechnungslegung – haben die deutschen Rechnungslegungsvorschrifien noch eine Chance, in: Schmalenbachgesellschaft e.V. (Hrsg.), Internationalisierung der Wirtschaft, Stuttgart, S. 109-123.

Baetge, J. [2009], Verwendung von DCF-Kalkülen bei der Bilanzierung nach IFRS, WPg 1, S. 13-23.

Baetge, J./Kirsch, H.-J./Solmecke, H. [2009], Auswirkungen des BilMoG auf die Zwecke des handelsrechtlichen Jahresabschlusses, WPg 24, S. 1211-1222.

Baetge, J./Kirsch, H.-J./Thiele, S. [2017a], Bilanzen 14. Aufl., Düsseldorf.

Baetge, J./Kirsch, H.-J./Thiele, S. [2017b], Konzernbilanzen 12. Aufl., Düsseldorf.

Baetge, J./Panzer, A./Flügel, A. [2016], German Accounting and IFRS: Limitations in the Convergence Potential of German National Accounting Standards Towards International Accounting Standards, in: Bensadon, D./Praquin, N. (edit.), IFRS in a Global World – International and Critical Perspectives on Accounting, pp. 263-280.

Baetge, J./Zülch, H. [2001], Fair Value-Accounting, BFuP 6, S. 543-562.

Baums, T.(Hrsg.) [2001], Bericht der Regierungskommission Corporate Governance-Unternehmensführung · Unternehmenskontrolle · Modernisierung des Aktienrechts, Köln.

Bibel, R. [2008], Rechnungslegung aus europäischer Sicht, IRZ 2, S. 79-83.

Bieg, H./Bonfinger, P./Küting, K./Kußmaul, H./Waschbusch, G./Weber, C.-P. [2008], Die Saarbrücker Initiative gegen den Fair Value, DB 47, S. 2549-2552.

Bieg, H./Bonfinger, P./Küting, K./Kußmaul, H./Waschbusch, G./Weber, C.-P. [2009], Die Saarbrücker Initiative gegen den Fair Value–Replik der Saarbrücker Initiative gegen den Fair Value–, DB 5, S. 185-188.

Biener, H./Bernecke, W. [1986], Bilanzrichtlinien-Gesetz: Textausgabe des Bilanzrichtlinien-Gesetzes vom 19. 12. 1985, Düsseldorf.

Blöink, T. [2012], Auswirkungen geänderter Vorschriften der 4. und 7. EU-Richtlinie auf die handelsrechtliche Rechnungslegung, WPg 6, S. 299-304.

Böcking, H.-J./Althoff, C. [2017], Das CSR-Richtlinie-Umsetzungsgesetz-Erweiterung der (Konzern-)Lageberichterstattung um Pre-Financial Performance Indicators, in: Baetge, J./Kirsch, H.-J./Thiele, S., Bilanzrecht Kommentar, Bonn, S. 6-13.

Böcking, H.-J./Torabian, F. [2008], Zeitwertbilanzierung von Finanzinstrumenten des Handelsbestands nach dem Entwurf eines BilMoG, BB 6, S. 265-267.

Bravidor, M./Mehnert, C. [2014], Bedeutung der Bilanzwahrheit in der Rechtsprechung des EuGH: Implikationen für die HGB-Rechnungslegung; Folgerungen aus dem EuGH-Urteil vom 3. 10. 2013 – C-322/12, StuB 16, S. 596-602.

Buchheim, R./Gröner, S./Kühne, M. [2004], Übernahme von IAS/IFRS in Europa: Ablauf und Wilkung des Komitologieverfahrens auf die Rechnungslegung, BB 33, S. 1783-1788.

Burger, A./Ulbrich, P. [2004], Kapitalmarktorientierung in Deutschland, KoR 6, S. 235-246.

Burger, A./Fröhlich, J./Ulbrich, P. [2006], Kapitalmarktorientierung in Deutschland, KoR 2, S. 113-122.

Dziadkowski, D. [2014], Bilanzwahrheit aus europäischer Sicht - zugleich Anmerkungen zum EuGH-Urteil Gimle SA, IStR 13, S. 461-466.

Eggert, A. [2013], Auswirkungen des Prinzips "true and fair view" in den Bilanz-richtlinien der EU auf das Recht der Mitgliedstaaten, IWB 3, S. 112-116.

Fink, C./Theile, C. [2015], Anhang und Lagebericht nach dem RegE zum Bilanz-richtlinie-Umsetzungsgesetz, DB 14, S. 753-762.

Fischer, D. T. [2013], Maystadt-Bericht: Empfehlungen für eine wirkungsvollere Interessenvertretung der EU bei der Entwicklung von IFRS, PiR 12, S. 385-386.

Glaser, A./Hachmeister, D. [2015], "True and fair view" für Nicht-Kapitalgesellschaften aus europarechtlicher Sicht, DB 11, S. 565-570.

Hauck, A./Prinz, U. [2005], Zur Auslegung von (europarechtlich übernommenen) IAS/IFRS, Der Konzern 10, S. 635-641.

Hennrichs, J. [2015], Bilanzwahrheit, Realisationsprinzip und wirtschaftliche Betrachtungs-weise nach EU-Bilanzrecht – Zugleich zur Bilanzierung bei verdeckter Einlage und Besprechung der Entscheidung des EuGH vom 03. 10. 2013 – C-322/12 (GIMLE), WPg 17, S. 849-852.

Hoffmann, W.-D. [2014], Anschaffung stiller Reserven oder verdeckte Einlage, StuB 8, S. 277-278.

Hulle, K. V. [2002], Die Europäische Rechnungslegungsstrategie, WPK-Mitteilungen 3, S. 178-181.

Hulle, K. V. [2003], Von den Bilanzrichtlinien zu International Accounting Standards, WPg 18, S. 968-981.

Huthmann, A./Hofele, F. [2005], Teilweise Umsetzung der Fair Value-Richtlinie in deutsches Recht und Folgen für die handelsrechtliche Bilanzierung, KoR 5, S. 181-188.

Inami, T./Bechtel, W. [2000], Die jüngsten Reformen der Rechnungslegung in

Japan, IWB 20, S. 993-1008.

Inwinkl, P. [2007], Die neue Prüfgruppe der EU-Kommission und das neue Verfahren zur Anerkennung der IFRS, WPg 7, S. 289-295.

Kahle, H. [2003], Zur Zukunft der Rechnungslegung in Deutschland: IAS im Einzel- und Konzernabschluss?, WPg 6, S. 262-275.

Kajüter, P. [2017], Nichtfinanzielle Berichterstattung nach dem CSR-Richtlinie-Umsetzungsgesetz, DB 12, S. 617-624.

Keller, B./Schmid, A. [2014], Country-by-Country-Reporting: neue Anforderungen für das Rechnungswesen durch BilRUG-RefE und EITI, BB 38, S. 2283-2287.

Kessler, H. [1999], Der EuGH und das Gebot des true and fair view, StuB 24, S. 1314-1315.

Kirchner, C. [2005], Zur Interpretation von internationalen Rechnungslegungsstandards: das Problem, hybrider Rechtsfortbildung, in: Schneider/Rücke/Küpper/Wagner (Hrsg.), Kritisches zu Rechnungslegung und Unternehmensbesteuerung, Berlin, S. 203-220.

Kirsch, H. [2009], Übergangsvorschriften zum Jahresabschluss nach dem Bilanz-rechtsmodernisierungsgesetz, DStR 21, S. 1048-1053.

Kirsch, H. [2015], BilRUG – Weitere Annäherungen des deutschen Bilanzrechts an IFRS? –, IRZ 3, S. 99-106.

Kirsch, H. [2017], Änderungen des DRS 20 aufgrund des CSR-RLUG durch den DRÄS 8, StuB 21, S. 805-809.

Kirsch, H.-J. [2002], Vom Bilanzrichtlinien-Gesetz zum Transparenz- und Publizitäts-gesetz, WPg 14, S. 743-755.

Kirsch, H.-J. [2003], Zur Frage der Umsetzung der Mitgliedstaatenwahlrechte der EU-Verordnung zur Anwendung der IAS/IFRS, WPg 6, S. 275-278.

Kirsch, H.-J./Wege, D. [2018], Die nichtfinanzielle Konzernerklärung im DAX 30 – Ein erster Überblick, PiR 9, S. 243-248.

Knorr, L./Beiersdorf, K./Schmidt, M. [2007], EU-Vorschlag zur Vereinfachung des

Unternehmensumfelds – insbesondere für KMU, BB 62, S. 2111-2117.

Knorr, L./Buchheim, R./Schmidt, M. [2008], Anwendung der IFRS in Europa: das neue Endorsement Verfahren, KoR 5, S. 334-341.

Koalitionsarbeitsgruppe [1997], Bericht der Koalitionsarbeitsgruppe: Mehr Arbeitsplätze durch attraktive deutsche Kapitalmärkte – Kapitalmarktkonzept – vom 27. 11. 1997, S. 1-19.

Köhler, G. A. [2008], Deregulierung nach dem Entwurf eines BilMoG, BB 6, S. 268-270.

Küting, K./Eichenlaub, R./Strauß, M. [2012], MicroBilG-E: Geplante Gesetzänderungen zur Erleichterung der Rechnungslegung und Offenlegung von Kleinstkapitalgesellschaften, DStR 33, S. 1670-1674.

Küting, K./Lam, S. [2011], Bilanzierungspraxis in Deutschland – Theoretische und empirische Überlegungen zum Verhältnis vom HGB und IFRS –, DStR 20/21, S. 991-996.

Küting, K./Pfitzer, N./Weber, C.-P. [2011], IFRS oder HGB? – Systemvergleich und Beurteilung –, Stuttgart.

Küting, K./Ranker, D. [2004], Tendenzen zur Auslegung der endorsed IFRS als sekundäres Gemeinschaftsrecht, BB 46, S. 2510-2515.

Lanfermann, G. [2011], Vorschlag für eine neue EU-Rechnungslegungsrichtlinie: Fokussierung auf kleine Unternehmen, BB 49, S. 3051-3053.

Lanfermann, G. [2012], EU-Erleichterungen für die Rechnungslegung von Kleinstunternehmen – Handlungspielraum des deutschen Gesetzgebers, BB 9, S. 1209-1211.

Lanfermann, G. [2013], EU-Rechnungslegungsrichtlinie: Zum Handlungsbedarf des deutschen Gesetzgebers, WPg 17, S. 849-852.

Lanfermann, G. [2015], EU-Richtlinie zur Angabe von nichtfinanziellen Informationen, WPg 12, S. 322-326.

Lanfermann, G./Röhricht, V. [2008], Auswirkungen des geänderten IFRS-Endorsement-Prozesses auf Unternehmen, BB 16, S. 826-830.

Leffson, U. [1987], Die Grundsätze ordnungsmäßiger Buchführung, 7. Aufl.

Düsseldorf.

Leffson U./Rückle, D./Großfeld, B. [1986], Handwörterbuch unbestimmter Rechts-begriffe im Bilanzrecht des HGB, Köln.

Lorson, P. [2015], Gesetzgebung als Handwerkskunst: BilRUG – Meister- oder ein Gesellenstück, DB 13, S. 695-696.

Lüdenbach, N./Freiburg, J. [2014], BilRUG-RefE: Nur "punktuelle Änderungen"?, BB 37, S. 2219-2225.

Luttermann, C. [2010], Bilanzregeln und Finanzkrise: Die Besteuerung nach Leistungs-fähigkeit und Bilanzwahrheit als Beweismaß, StuW 4, S. 346-355.

Maas, H. [2014], Neuerungen im Bilanzrecht – was kommt auf die Wirtschafts-prüfer zu?, WPg 18, Editorial.

Maystadt, P. [2013], Report by Philippe Maystadt – October 2013: Mission to reinforce the EU's contribution to the development of international accounting standards – Should IFRS standards be more "European"? – , S. 1-35.

Meyer, C. [2004], Der Regierungsentwurf des Bilanzrechtsreformgesetzes (BilReG): Wichtige Neuerungen in der externen Rechnungslegung, DStR 23, S. 971-974.

Moxter, A. [1995], Zum Umfang der Entscheidungskompetenz des Europäischen Gerichtshofs im Bilanzrecht, BB 28/29, S. 1463-1466.

Müller, S./Stawinoga, M. [2014], Implikationen der rückwirkenden Schwellenwert-erhöhung mit dem BilRUG-RefE bei der Bestimmung der Unternehmens-größenklassen, BB 40, S. 2411-2415.

Naumann, K.-P. [2014], Anpassung des deutschen Bilanzrechts an die EU-Bilanz-richtlinie, WPg 8, Editorial.

Oser, P./Orth, C./Wirtz, H. [2014], Neue Vorschriften zur Rechnungslegung und Prüfung durch das Bilanzrichtlinie-Umsetzungsgesetz, DB 34, S. 1877-1886.

PwC Deutsche Revision [2004], IAS/IFRS – Kapitalmarktorientierte Unternehmen in Deutschland, S. 1-36.

Radwan, A. [2008], Das Thema IFRS aus Sicht des Europäischen Parlaments, BFuP

5, S. 409-414.

Scheffler, W. [2003], Steuerbilanz und EuGH: Vorabentscheidungszuständigkeit, true and fair view und Vorsichtsprinzip, Wertaufhellung, StuB 7, S. 298-304.

Schellhorn, M. [2012], Anmerkungen zum Kleinstkapitalgesellschaften-Bilanzrechts-änderungsgesetz, DB 41, S. 2296-2299.

Schmidt, M. [2008], Die BilMoG-Vorschläge zur Bilanzierung von Finanzinstrumenten – Eine Revolution, die das Bilanzrecht aus den Fugen hebt?, KoR 1, S. 1-8.

Schön, W. [2004], Kompetenzen der Gerichte zur Auslegung von IAS/IFRS, BB 14, S. 763-768.

Schulze-Osterloh, J. [2014], Aktivierung, Ertragsausweis und Kapitalrücklage einer Kapitalgesellschaft beim kostenlosen oder verbilligten Erwerb von Vermögens-gegenständen von ihrem Gesellschafter, NZG 1, S. 1-5.

Wendlandt, K./Knorr, L. [2004], Der Referentenentwurf des Bilanzrechtsreformgesetzes, KoR 2, S. 45-50.

Wolz, M./Oldewurtel, C. [2011], Einfache und kostengünstige Rechnungslegung durch Übernahme internationaler Konzepte im Rahmen des BilMoG ?, KoR 1, S. 235-246.

Zitzelsberger, S. [1998], Überlegungen zur Einrichtung eines nationalen Rechnungslegungs-gremiums in Deutschland, WPg 7, S. 246-259.

Zülch, H./Detzen, D. [2009], Plädoyer für einen deutschen Weg der Zeitwertbewertung – Erkenntnisse aus der Anhörung zum BilMoG vom 17.12.2008, DB 5, S. 189-190.

Zülch, H./Güth, S. [2012], Der Entwurf einer neuen Bilanzrichtlinie – Implikationen für die küntige Ausgestaltung des Europäischen Bilanzrechts, DB 8, S. 413-419.

Zülch, H./Hendler, M. [2017], Bilanzierung nach International Financial Reporting Standards (IFRS) 2. Aufl., Weinheim.

Zwirner, C. [2010], Kapitalmarktorientierung versus Börsennotierung, PiR 4, S. 93-96.

Zwirner, C. [2014a], EU-Bilanzrechtsreform: Änderungen der EU-Richtlinien zur Rechnungslegung, StuB 9, S. 315-323.

Zwirner, C. [2014b], Neue Rechnungslegungsvorschriften ab 2016, DStR 9, S. 439-445.

Zwirner, C. [2015], Entwicklung des deutschen Bilanzrechts – Ein Rückblick auf mehr als 30 Jahre supranationale Einflüsse, WPg 5, S. 218-223.

Zwirner, C. [2017], 20 Jahre Kapitalmarktorientierung und IFRS: Rückblick und Ausblick, IRZ 6, S. 239-243.

Zwirner, C./Froschhammer, M. [2012], EU-Bilanzrechtsreform, StuB 11, S. 419-424.

【EU法関係】(http://eur-lex.europa.eu, www.efrag.org)

EFRAG [2006], Working Agreement between European Commission and EFRAG, 23.03.2006, pp. 1-4.

EFRAG [2019], The EU Endorsement Status Report –Position as at 18 March 2019.

EU [1978], Vierte Richtlinie 78/660/EWG des Rates vom 25.07.1978 aufgrund von Artikel 54 Absatz 3 Buchstabe g) des Vertrages über den Jahresabschluss von Gesellschaften bestimmter Rechtsformen, ABl L 222, S. 11-31.

EU [1993], Richtlinie 93/22/EWG vom 10.05.1993 über Wertpapier-dienstleistungen, ABl L 141, S. 27-46.

EU [1999a], Richtlinie 1999/60/EG des Rates vom 17.06.1999 zur Änderung hinsichtlich der in Euro ausgedrückten Beträge der Richtlinie 78/660/EWG, ABl L 162, S. 65-66.

EU [1999b], Beschluss des Rates vom 28.06.1999 zur Festlegung der Modalitäten für die Ausübung der Kommission übertragenen Durchführungsbefugnisse (1999/468/EG), ABl L 184, S. 23-26.

EU [2001], Richtlinie 2001/65/EG des Europäischen Parlaments und des Rates vom 27.09.2001 zur Änderung der Richtlinien 78/660/EWG, 83/349/EWG, 86/635/EWG des Rates im Hinblick auf die im Jahresabschluss bzw. im konsolidierten Abschluss von Gesellschaften bestimmter Rechtsnormen und von Banken und anderen Finanzinstituten zulässigen Wertansätze, ABl L 283, S. 28-32.

EU [2002], Verordnung (EG) Nr. 1606/2002 des Europäischen Parlaments und des Rates vom 19. 07. 2002 betreffend die Anwendung internationaler Rechnungslegungsstandards, ABl L 243, S. 1-4.

EU [2003a], Richtlinie 2003/38/EG des Rates vom 13. 05. 2003 zur Änderung der Richtlinie 78/660/EWG über den Jahresabschluss von Gesellschaften bestimmter Rechtsformen hinsichtlich der in Euro ausgedrückten Beträge, ABl L 120, S. 22-23.

EU [2003b] Richtlinie 2003/51/EG vom 18. 06. 2003 zur Änderung der Richtlinien 78/660/EWG, 83/349/EWG, 86/635/EWG und 91/674/EWG über den Jahresabschluss und den konsolidierten Abschluss von Gesellschaften bestimmter Rechtsformen, von Banken und anderen Finanzinstituten sowie von Versicherungsunternehmen, ABl L 178, S. 16-22.

EU [2003c], Verordnung (EG) Nr. 1725/2003 der Kommission vom 29. 09. 2003 betreffend die Übernahme bestimmter internationaler Rechnungslegungsstandards in Übereinstimmung mit der Verordnung (EG) Nr. 1606/2002 des Europäischen Parlaments und des Rates, ABl L 261, S. 1-420.

EU [2004a], Verordnung (EG) Nr. 707/2004 der Kommission vom 06. 04. 2004 zur Änderung der Verordnung (EG) Nr. 1725/2003 betreffend die Übernahme bestimmter internationaler Rechnungslegungsstandards in Übereinstimmung mit der Verordnung (EG) Nr. 1606/2002 des Europäischen Parlaments und des Rates, ABl L 111, S. 3-17.

EU [2004b], Richtlinie 2004/39/EG des Europäischen Parlaments und des Rates vom 21. 04. 2004 über Markte für Finanzinstrumente, zur Änderung der Richtlinien 85/611/EWG und 93/6/EWG des Rates und der Richtlinie 2000/12/EG des Europäischen Parlaments und des Rates und zur Aufhebung der Richtlinie 93/22/EWG des Rates, ABl L 145, S. 1-44.

EU [2004c], Richtlinie 2004/109/EG des Europäischen Parlaments und des Rates vom 15. 12. 2004 zur Harmonisierung der Transparenzanforderungen in Bezug auf Informationen über Emittenten, deren Wertpapiere zum Handel auf einem geregelten Markt zugelassen sind, und zur Änderung der Richtlinie 2001/34/EG, ABl L 390, S. 38-57.

EU [2006a], Richtlinie 2006/43/EG des Europäischen Parlaments und des Rates vom 17. 05. 2006 über Abschlussprüfungen von Jahresabschlüssen und konsolidierten Abschlüssen, zur Änderung der Richtlinien 78/660/EWG und 83/349/EWG des Rates und zur Aufhebung der Richtlinie 84/253/EWG des Rates, ABl L 157, S. 87-107.

EU [2006b], Richtlinie 2006/46/EG des Europäischen Parlaments und des Rates vom 14. 06. 2006 zur Änderung der Richtlinien des Rates 78/660/EWG, 83/349/EWG, 86/635/EWG und 91/674/EWG, ABl L 224, S. 1-7.

EU [2006c], Entscheidung der Kommission vom 14. 07. 2006 zur Entscheidung der Kommission vom 14. 07. 2006 zur Einsetzung einer Prüfgruppe für Standardübernahmeempfehlungen zur Beratung der Kommission hinsichtlich der Objektivität und Neutralität der von der Europäischen Beratergruppe für Rechnungslegung (EFRAG) abgegebenen Stellungnahmen (2006/505/EG), ABl L 199, S. 33-35.

EU [2006d], Beschluss des Rates vom 17. 07. 2006 zur Änderung des Beschlusses 1999/468/EG zur Festlegung der Modalitäten für die Ausübung der der Kommission übertragenen Durchführungsbefugnisse (2006/512/EG), ABl L 200, S. 11-13.

EU [2006e], Beschluss der Kommission vom 20. 12. 2006 betreffend die Bestellung der Mitglieder der Prüfgruppe, die mit der Entscheidung 2006/505/EG zur Einsetzung einer Prüfgruppe für Standardübernahmeempfehlungen zur Beratung der Kommission hinsichtlich der Objektivität und Neutralität der von der Europäischen Beratergruppe für Rechnungslegung (EFRAG) abgegebenen Stellungnahmen eingesetzt wurde (2007/73/EG), ABl L 32, S. 181-182.

EU [2007], Aktionsprogramm zur Verringerung der Verwaltungslasten in der

Europäischen Union, KOM (2007) 23 vom 24. 01. 2007, S. 1-24.

EU [2008], Verordnung (EG) Nr. 297/2008 des Europäischen Parlaments und des Rates vom 11. 03. 2008 zur Änderung der Verordnung (EG) Nr. 1606/2002 betreffend die Anwendung internationaler Rechnungslegungsstandards im Hinblick auf die der Kommission übertragenen Durchführungsbefugnisse, ABl L 97, S. 62-63.

EU [2010], Informationen der Mitgliedstaaten: Mit Anmerkungen versehene Übersicht über die geregelten Märkte und einzelstaatlichen Rechtsvorschriften zur Umsetzung der entsprechenden Anforderungen der Richtlinie über Märkte für Finanzinstrumente (MiFID) vom 21. 12. 2010, ABl C 348, S. 9-15.

EU [2012], Richtlinie 2012/6/EU des Europäischen Parlaments und des Rates vom 14. 03. 2012 zur Änderung der Richtlinie 78/660/EWG des Rates über den Jahresabschluss von Gesellschaften bestimmter Rechtsformen hinsichtlich Kleinstbetrieben, ABl L 81, S. 3-6.

EU [2013], Richtlinie 2013/34/EU des Europäischen Parlaments und des Rates vom 26. 06. 2013 über den Jahresabschluss, den konsolidierten Abschluss und damit verbundene Berichte von Unternehmen bestimmter Rechtsformen und zur Änderung der Richtlinie 2006/43/EG des Europäischen Parlaments und des Rates und zur Aufhebung der Richtlinien 78/660/EWG und 83/349/EWG des Rates, ABl L 182, S. 19-76.

EU [2014], Richtlinie 2014/95/EU des Europäischen Parlaments und des Rates vom 22. 10. 2014 zur Änderung der Richtlinie 2013/34/EU im Hinblick auf die Angabe nichtfinanzieller und die Diversität betreffender Informationen durch bestimmte große Unternehmen und Gruppen, ABl L 330, S. 1-9.

Kommission der EU [1995], Mitteilung der Kommission, Harmonisierung auf dem Gebiet der Rechnungslegung: Eine neue Strategie im Hinblick auf die internationale Harmonisierung, KOM (1995) 508 vom 14. 11. 1995, S. 1-14.

Kommission der EU [1998], Mitteilung der Kommission, Finanzdienstleistungen:

Abstecken eines Aktionsrahmens, KOM (1998) 625 vom 28. 10. 1998, S. 1-28.

Kommission der EU [1999], Mitteilung der Kommission, Finanzdienstleistungen: Umsetzung des Finanzmarktrahmens: Aktionsplan, KOM (1999) 232 vom 11. 05. 1999, S. 1-34.

Kommission der EU [2000], Mitteilung der Kommission, Rechnungslegungsstrategie der EU: Künftiges Vorgehen, KOM (2000) 359 vom 13. 06. 2000, S. 1-12.

Kommission der EU [2001], Vorschlag für eine Verordnung des Europäischen Parlaments und des Rates betreffend die Anwendung internationaler Rechnungs- legungsstandards, KOM (2001) 80 vom 13. 02. 2001, S. 1-24.

Kommission der EU [2003], Kommentare zu bestimmten Artikeln der Verordnung (EG) Nr. 1606/2002 des Europäischen Parlaments und des Rates vom 19. 07. 2002 betreffend die Anwendung internationaler Rechnungslegungsstandards und zur Vierten Richtlinie 78/660/EWG des Rates vom 25. 07. 1978 sowie zur Siebenten Richtlinie 83/349/EWG des Rates vom 13. 06. 1983 über Rechnungslegung, November 2003, S. 1-14.

Kommission der EU [2008a], Mitteilung der Kommission an das Europäische Parlament, den Rat, den Europäischen Wirtschafts- und Sozialausschuss und den Ausschuss der Regionen, Vorfahrt für KMU in Europa: Der "Small Business Act" für Europa, KOM (2008) 394 vom 25. 06. 2008, S. 1-24.

Kommission der EU [2008b], Mitteilung der Kommission an den Europäischen Rat: Europäisches Konjunkturprogramm, KOM (2008) 800 vom 26. 11. 2008, S. 1-21.

Kommission der EU [2011], Vorschlag für Richtlinie des Europäischen Parlaments und des Rates über den Jahresabschluss, den konsolidierten Abschluss und damit verbundene Berichte von Unternehmen bestimmter Rechtsformen, KOM (2011) 684 vom 25. 10. 2011, S. 1-96.

Kommission der EU [2013], Pressemitteilung der Kommission vom 12. 11. 2013, Philippe Maystadt, Sonderberater von EU-Kommissar Michel Barnier, legt Empfehlungen zur Stärkung der Rolle der EU bei der Festlegung internationaler Rechnungslegungsstandards vor, IP/13/1065, S. 1-3.

Kommission der EU [2014], Mitteilung der Kommission an das Europäische Parlament und den Rat, über die langfristige Finanzierung der europäischen Wirtschaft, KOM (2014) 168 vom 27. 03. 2014, S. 1-19.

Parlament der EU [2008a], Bericht über die Internationalen Rechnungslegungs- standards (IFRS) und der Leitung des International Accounting Standards Board (IASB) (2006/2248(INI)) vom 05. 02. 2008, A 6-0032/2008, S. 1-27.

Parlament der EU [2008b], Entschließung des Europäischen Parlaments zu den Internationalen Rechnungslegungsstandards (IFRS) und der Leitung des "International Accounting Standards Board" (IASB) (2006/2248(INI)) vom 24. 04. 2008, P 6_TA (2008) 0183, S. 1-11.

The Committee of wise men [2001], Final Report of the Committee of wise men on the regulation of european securities markets vom 15. 02. 2001, pp. 1-115.

【ドイツ法関係】(https://www.bgbl.de, https://www.bmjv.de)

AReG [2016], Gesetz zur Umsetzung der prüfungsbezogenen Regelungen der Richtlinie 2014/56/EU sowie zur Ausführung der entsprechenden Vorgaben der Verordnung (EU) Nr. 537/2014 im Hinblick auf die Abschlussprüfung bei Unternehmen von öffentlichem Interesse vom 10. 05. 2016, BGBl Teil I, Nr. 23, S. 1142-1157.

BilReG [2003], Referentenentwurf zum Bilanzrechtsreformgesetz vom 15. 12. 2003, S. 1-91.

BilReG [2004a], Gesetzentwurf der Bundesregierung zum Bilanzrechtsreformgesetz, BT-Drucks. 15/3419 vom 24. 06. 2004, S. 1-64.

BilReG [2004b], Gesetz zur Einführung internationaler Rechnungslegungsstandards und zur Sicherung der Qualität der Abschlussprüfung vom 04. 12. 2004, BGBl Teil I, Nr. 65, S. 3166-3182.

BilKoG [2003], Referentenentwurf zum Bilanzkontrollgesetz vom 08. 12. 2003, S.

1-42.

BilKoG [2004a], Gesetzentwurf der Bundesregierung zum Bilanzkontrollgesetz, BT- Drucks. 15/3421 vom 24. 06. 2004, S. 1-24.

BilKoG [2004b], Gesetz zur Kontrolle von Unternehmensabschlüssen vom 15. 12. 2004, BGBl Teil I, Nr. 69, S. 3408-3415.

BilMoG [2007], Referentenentwurf zum Bilanzrechtsmodernisierungsgesetz vom 08. 11. 2007, S. 1-234.

BilMoG [2008], Gesetzentwurf der Bundesregierung zum Bilanzrechtsmoderni-sierungsgesetz, BT-Drucks. 16/10067 vom 30. 07. 2008, S. 1-254.

BilMoG [2009], Gesetz zur Modernisierung des Bilanzrechts vom 25. 05. 2009, BGBl Teil I, Nr. 27, S. 1102-1137.

BiRiLiG [1985], Gesetz zur Durchführung der Vierten, Siebenten und Achten Richtlinie des Rates der Europäischen Gemeinschaften zur Koordinierung des Gesellschaftsrechts vom 19. 12. 1985, BGBl Teil I, Nr. 62, S. 2355-2433.

BilRUG [2014], Referentenentwurf zum Bilanzrichtlinie-Umsetzungsgesetz vom 27. 07. 2014, S. 1-97.

BilRUG [2015a], Gesetzentwurf der Bundesregierung zum Bilanzrichtlinie-Umsetzungs-gesetz, BR-Drucks. 23/25 vom 23. 01. 2015, S. 1-124.

BilRUG [2015b], Gesetz zur Umsetzung der Richtlinie 2013/34/EU des Europäischen Parlaments und des Rates vom 26. 06. 2013 über den Jahresabschluss, den konsolidierten Abschluss und damit verbundene Berichte von Unternehmen bestimmter Rechtsformen und zur Änderung der Richtlinie 2006/43/EG des Europäischen Parlaments und des Rates und zur Aufhebung der Richtlinien 78/660/EWG und 83/349/EWG des Rates vom 17. 07. 2015, BGBl Teil I, Nr. 30, S. 1245-1267.

BMJ [1997], Verbandsrundschreiben zum Kapitalmarktkonzept der Koalitions-arbeitsgruppe vom 11. 12. 1997, S. 1-15.

BMJ [1998], Verbandsrundschreiben zum Kapitalmarktkonzept der Koalitionsarbeitsgruppe vom 17. 02. 1998, S. 1-11.

BMJ [1999a], Tischvorlage für die Anhörung am 10. 05. 1999, S. 1-4.

BMJ [1999b], BMJ-Schreiben vom 14. 05. 1999, GmbHR 13, S. 707.

BMJ/BMF [2003], Mitteilung für die Presse vom 25. 02. 2003: Bundesregierung stärkt Anlegerschutz und Unternehmensintegrität, S. 1-13.

BMJ [2004], Mitteilung für die Presse vom 21. 04. 2004: Bilanzrechtsreform und Bilanzkontrolle stärken Unternehmensintegrität und Anlegerschutz, S. 1-4.

BMJ [2007], Informationen für die Presse vom 16. 10. 2007: Eckpunkte der Reform des Bilanzrechts, S. 1-9.

BMJ [2008], Pressemitteilungen vom 21. 05. 2008, Bundesregierung beschließt modernes Bilanzrecht für die Unternehmen in Deutschland, S. 1-4.

BMJ [2009], Pressemitteilungen vom 27. 03. 2009, Neues Bilanzrecht: Milliarden-entlastung für den deutschen Mittelstand beschlossen, S. 1-3.

Bürokratieentlastungsgesetz [2015], Gesetz zur Entlastung insbesondere der mittelständischen Wirtschaft von Bürokratie vom 28. 07. 2015, BGBl Teil I, Nr. 32, S. 1400-1404.

CSR-Richtlinie-Umsetzungsgesetz [2016a], Referentenentwurf zum CSR-Richtlinie-Umsetzungsgesetzes vom 11. 03. 2016, S. 1-66.

CSR-Richtlinie-Umsetzungsgesetz [2016b], Gesetzentwurf der Bundesregierung zum CSR-Richtlinie-Umsetzungsgesetz, BT-Drucks. 18/9982 vom 17. 10. 2016, S. 1-72.

CSR-Richtlinie-Umsetzungsgesetz [2017], Gesetz zur Stärkung der nichtfinanziellen Berichterstattung der Unternehmen in ihren Lage- und Konzernlageberichten vom 11. 04. 2017, BGBl Teil I, Nr. 20, S. 802-814.

Deutscher Bundestag [1998], Beschlussempfehlung und Bericht des Rechtsaus-schusses (6. Ausschusses) zu dem Gesetzentwurf der Bundesregierung (KapAEG), BT-Drucks. 13/9909 vom 12. 02. 1998, S. 1-13.

Deutscher Bundestag [2004], Antrag der SPD- und Grünen-Fraktion: Anwendung internationaler Rechnungslegungsstandards in Deutschland sachgerecht und transparent fortentwickeln, BT-Drucks. 15/4036 vom 27. 10. 2004, S. 1-4.

Deutscher Bundestag [2008], Mitteilung (Protokoll) vom 11. 12. 2008: Öffentliche Anhörung vor dem Rechtsausschuss des Deutschen Bundestages am 17. 12. 2008, S. 1-67.

Deutscher Bundestag [2009], Beschlussempfehlung und Bericht des Rechtsausschusses (6. Ausschuss) zu dem Gesetzentwurf der Bundesregierung (BilMoG), BT-Drucks. 16/12407 vom 24. 03. 2009, S. 1-138.

Deutscher Bundesrat [2008], Stellungnahme des Bundesrates: Entwurf des Bilanzrechtsmodernisierungsgesetzes, BT-Drucks. 344/08 vom 04. 07. 2008, S. 1-15.

KapAEG [1998a], Gesetzentwurf der Bundesregierung zum Kapitalaufnahmeerleichterungsgesetz vom 20. 04. 1998, BT-Drucks. 13/7141 vom 06. 03. 1997, S. 1-16.

KapAEG [1998b], Gesetz zur Verbesserung der Wettbewerbsfähigkeit deutscher Konzerne an Kapitalmärkten und zur Erleichterung der Aufnahme von Gesellschafterdarlehen vom 20. 04. 1998, BGBl Teil I, Nr. 22, S. 707-709.

KapCoRiLiG [1999], Gesetzentwurf der Bundesregierung zum Kapitalgesellschaften- und Co-Richtlinie-Gesetz, BT-Drucks. 458/99 vom 13. 08. 1999, S. 1-62.

KapCoRiLiG [2000], Gesetz zur Durchführung der Richtlinie des Rates der Europäischen Union zur Änderung der Bilanz- und der Konzernbilanzrichtlinie hinsichtlich ihres Anwendungsbereichs (90/605/EWG), zur Verbesserung der Offenlegung von Jahresabschlüssen und zur Änderung anderer handelsrechtlicher Bestimmungen vom 24. 02. 2000, BGBl Teil I, Nr. 8, S. 154-162.

KonTraG [1998], Gesetz zur Kontrolle und Transparenz im Unternehmensbereich vom 27. 04. 1998, BGBl Teil I, Nr. 24, S. 786-794.

MicroBilG [2012a], Referentenentwurf zum Kleinstkapitalgesellschaften-Bilanzrechtsänderungsgesetz vom 17. 07. 2012, S. 1-28.

MicroBilG [2012b], Gesetzentwurf der Bundesregierung zum Kleinstkapitalgesellschaften-Bilanzrechtsänderungsgesetz, BR-Drucks. 558/12 vom 21. 09. 2012, S. 1-34.

MicroBilG [2012c], Gesetz zur Umsetzung der Richtlinie 2012/6/EU des Europäischen Parlaments und des Rates vom 14. 03. 2012 zur Änderung der Richtlinie 78/660/EWG über den Jahresabschluss von Gesellschaften bestimmter Rechtsformen hinsichtlich Kleinstbetrieben vom 20. 12. 2012, BGBl Teil I, Nr. 61, S. 2751-2755.

NKRG [2006], Gesetz zur Einsetzung eines Nationalen Normenkontrollrates vom 14. 08. 2006, BGBl Teil I, Nr. 39, S. 1866-1868.

【判決資料】(http://eur-lex.europa.eu)

BFH [2000], Urteil vom 28. 03. 2000 − Ⅷ R 77/96, DB 29, S. 1442-1445.

BGH [1975], Urteil vom 03. 11. 1975 − Ⅱ ZR 67/73, DB 1, S. 38-40.

BGH [1994], Beschluß vom 21. 07. 1994 − Ⅱ ZR 82/93, BB 24, S. 1673-1675.

EuGH [1996], Urteil vom 27. 06. 1996, Rs. C-234/94, S. 1-13.

EuGH [1997], Beschluß vom 10. 07. 1997, Rs. C-234/94: Urteilsberichtigung, BB 31, S. 1577-1579.

EuGH [1999], Urteil vom 14. 09. 1999, Rs. C-275/97, S. 1-16.

EuGH [2003], Urteil vom 07. 01. 2003, Rs. C-306/99, S. 1-49.

EuGH [2013], Urteil vom 03. 10. 2013, Rs. C-322/12, S. 1-8.

FG Köln [1997], Vorlagebeschluß vom 16. 07. 1997, K 812/97, EFG 19, S. 1166-1167.

FG Hamburg [1999], Vorlagebeschluß vom 22. 04. 1999, Ⅱ 23/97, EFG 19, S. 1022-1024.

【DRSC公表文書】(http://www.drsc.de)

DRSC [2001], Entwurf eines Gesetzes "Zur Internationalisierung der Rechnungs-legung" vom 06. 07. 2001, S. 1-25.

DRSC [2004], Stellungnahme des DSR zum Referentenentwurf eines Bilanzrechts-reformgesetzes vom 22. 01. 2004, S. 1-14.

DRSC [2005], Vorschläge des DSR zum Bilanzrechtsmodernisierungsgesetz vom 03.05.2005, S. 1-43.

DRSC [2012], Stellungnahme zum Entwurf eines Gesetzes zur Umsetzung der Micro-Richtlinie 2012/6/EU über Erleichterungen der Rechnungslegung für Kleinstkapitalgesellschaften (MicroBilG), S. 1-4.

DRSC [2014], Empfehlungen zur Umsetzung der Richtlinie 2013/34/EU ins HGB vom 11.02.2014, S. 1-27.

DRSC [2016], Stellungnahme vom 22.04.2016 zum Referentenentwurf des BMJV – Entwurf eines CSR-Richtlinie-Umsetzungsgesetzes zur Umsetzung der Richtlinie 2014/95/EU, S. 1-6.

（独語雑誌略語）

ABl	Amtsblatt
BB	Betriebs-Berater
BFuP	Betriebswirtschaftliche Forschung und Praxis
BR-Drucks.	Bundesratsdrucksache
BRZ	Zeitschrift für Bilanzierung und Rechnungswesen
BT-Drucks.	Bundestagsdrucksache
BGBl	Bundesgesetzblatt
DB	Der Betrieb
DStR	Deutsches Steuerrecht
EFG	Entscheidungen des Finanzgerichtshofs
GmbHR	GmbH Rundschau
IRZ	Zeitschrift für Internationale Rechnungslegung
IStR	Internationales Steuerrecht
IWB	Internationale Wirtschaftsbriefe
KoR	Zeitschrift für kapitalmarktorientierte Rechnungslegung
NZG	Neue Zeitschrift für Gesellschaftsrecht

PiR	Praxis der internationalen Rechnungslegung
StuB	Steuern und Bilanzen
StuW	Steuer und Wirtschaft
WPg	Die Wirtschaftsprüfung
ZGR	Zeitschrift für Unternehmens- und Gesellschaftsrecht

【邦文献】

安藤英義編著［2018］『会計における責任概念の歴史』中央経済社。

五十嵐邦正［2014］『会計制度改革の視座』千倉書房。

石川祐二［2015］「『支払報告書』へのドイツの制度的対応」『會計』第187巻第5号，76-89頁。

稲見　亨［1996］「EC会社法指令とドイツ会計基準の関係について」『會計』第150巻第6号，117-127頁。

稲見　亨［2004］『ドイツ会計国際化論』森山書店。

稲見　亨［2010］「EU・ドイツにおける国際的会計基準適用の新たな論点」『會計』第178巻第3号，77-90頁。

稲見　亨［2014］「EUの新会計指令とドイツの会計指令転換法参事官草案」『同志社商学』第66巻第3・4号，19-30頁。

稲見　亨［2016］「取得原価主義会計に係わる欧州裁判所の判例」『同志社商学』第67巻第4号，243-252頁。

稲見　亨監訳［2018］『ドイツ会計論』森山書店。

岩井克人／佐藤孝弘［2011］『IFRSに異議あり』日本経済新聞出版社。

大石桂一［2015］『会計規制の研究』中央経済社。

大下勇二［2018］『連単分離の会計システム』法政大学出版局。

小津稚加子編著［2017］『IFRS適用のエフェクト研究』中央経済社。

加藤盛弘編著［2005］『現代会計の認識拡大』森山書店。

川口八洲雄編著［2005］『会計制度の統合戦略』森山書店。

河﨑照行編著［2015］『中小企業の会計制度』中央経済社。

木下勝一［2007］『会計規制と国家責任』森山書店。

木下勝一［2008］「ドイツ連邦法務省の商法会計法現代化の意義」『會計』第174巻第1号，130-143頁。

木下勝一［2009］「ドイツ商法における公正価値評価の導入問題」『産業経理』第69巻第1号，4-13頁。

金融庁・企業会計審議会［2012］「IFRSに関する欧州調査出張（フランス・ドイツ・EFRAG）調査報告書」（2012年2月17日付資料），1-51頁。

金融庁・企業会計審議会［2013］「国際会計基準（IFRS）への対応のあり方に関する当面の方針（案）」（2013年6月19日付資料），1-9頁。

久保田秀樹［2014］『ドイツ商法現代化と税務会計』森山書店。

久保田秀樹［2015］「会計指令転換法（BilRUG）によるドイツ商法計算規定の重要な改正について」『甲南経営研究』第56巻第3号，87-106頁。

久保田秀樹［2016］「ドイツにおける近代会計法の展開」『甲南経営研究』第57巻第3号，53-75頁。

倉田幸路［1998］「EUを意識した会計基準の国際的調和化に対するドイツの対応」『會計』第153巻第1号，37-50頁。

倉田幸路［2008］「コンバージェンスの会計基準への影響」『立教経済学研究』第61巻第4号，65-89頁。

黒田全紀［1989］『EC会計制度調和化論』有斐閣。

郡司 健［2013］「ドイツ連結会計報告とIFRS対応」『會計』第183巻第2号，1-12頁。

斎藤静樹編著［2007］『詳解討議資料・財務会計の概念フレームワーク（第2版）』中央経済社。

齋藤真哉・古田美保［2008］「調査報告 主要国の会計と税務に関する実態調査（その2）－ドイツとフランス－」『季刊 会計基準』第23号，252-262頁。

坂本孝司［2011］『会計制度の解明』中央経済社。

佐藤誠二［2001］『会計国際化と資本市場統合』森山書店。

佐藤誠二編著［2007］『EU・ドイツの会計制度改革』森山書店。

佐藤誠二［2011］『国際的会計規準の形成』森山書店。

佐藤誠二・稲見亨［1998a］「国際資本市場へのドイツ商法会計の対応（1）」『會計』第154巻第4号, 48-56頁。

佐藤誠二・稲見亨［1998b］「国際資本市場へのドイツ商法会計の対応（2・完）」『會計』第154巻第5号, 75-81頁。

佐藤博明編著［1999］『ドイツ会計の新展開』森山書店。

佐藤博明監訳［2002］『ドイツ連結会計論』森山書店。

佐藤博明［2006］「ドイツにおける会計エンフォースメントの形成」『會計』第170巻第3号, 119-131頁。

佐藤博明［2009］「ドイツ会計法現代化法の成立と論点」『會計』第176巻第6号, 111-126頁。

佐藤博明／ヨルク・ベェトゲ編著［2014］『ドイツ会計現代化論』森山書店。

潮﨑智美［2009］「ドイツ会計制度改革の本質的特徴」『国際会計研究学会年報（2008年度）』, 35-47頁。

潮﨑智美［2016］「欧州資本市場におけるlocal GAAPの適用」『国際会計研究学会年報（2015年度）』, 71-82頁。

柴　健次編著［2012］『IFRS教育の基礎研究』創成社。

庄司克宏［2013］『新EU法基礎編』岩波書店。

杉本徳栄［2017］『国際会計の実像』同文舘出版。

高木正史［2008］「会計関連EU法のドイツへの導入とドイツ会計戦略」『国際会計研究学会年報（2007年度）』, 123-136頁。

田中 弘［2019］『会計グローバリズムの崩壊』税務経理協会。

千葉修身［2010］「BilMoGとその草案の比較表」『明大商学論叢』第92巻第1号, 47-183頁。

千葉修身［2012］「会計エンフォースメントの意味」『會計』第182巻第1号, 15-27頁。

辻山栄子［2010］「IFRSをめぐる6つの誤解」『企業会計』第62巻第12号, 4-13頁。

津守常弘［2002］『会計基準形成の論理』森山書店。

H. チュルヒ／D. デッツェン［2014］「ドイツにおける公正価値会計」（佐藤博明／ヨルク・ベェトゲ編著『ドイツ会計現代化論』森山書店, 137-161頁。

徳賀芳弘［2000］『国際会計論』中央経済社。

徳賀芳弘［2010］「IFRSへの日本の制度的対応」『會計』第177巻第5号，9-22頁。

平松一夫／徳賀芳弘編著［2005］『会計基準の国際的統一』中央経済社。

平松一夫／辻山栄子責任編集［2014］『会計基準のコンバージェンス』中央経済社。

藤井秀樹［2007］『制度変化の会計学』中央経済社。

正井章筰［2003］『ドイツのコーポレート・ガバナンス』成文堂。

松本　剛［1990］『ドイツ商法会計用語辞典』森山書店。

松本康一郎・倉田幸路・稲見亨［2005］「ドイツにおけるIASへの対応」平松一夫／徳
　　賀芳弘編著『会計基準の国際的統一』中央経済社，93-112頁。

宮上一男／W. フレーリックス監修［1993］『現代ドイツ商法典（第2版）』森山書店。

向伊知郎［2017］「IFRS適用は財務情報の比較可能性を高めるか？」『国際会計研究学
　　会年報（2016年度）』，155-170頁。

村瀬儀祐［2008］「会計概念としての公正価値」『會計』第174巻第4号，14-25頁。

森美智代［2009］『会計制度と実務の変容』森山書店。

弥永真生［2005］「EUにおけるIASへの対応」平松一夫・徳賀芳弘編著『会計基準の
　　国際的統一』中央経済社，65-92頁。

弥永真生［2013］『会計基準と法』中央経済社。

山口幸五郎編著［1984］『EC会社法指令』同文舘出版。

山根裕子［1995］『EU/EC法（新版）』有信堂高文社。

吉野正三郎編著［1992］『ECの法と裁判』成文堂。

渡邉　泉［2013］『歴史から見る公正価値会計』森山書店。

索　引

初 出 一 覧

本書は，以下の論文を再構成の上，大幅に加筆・修正してまとめている。

第1章

「ドイツ会計制度にみるIFRSへの接近方法 ―『国際的会計基準』，『資本市場指向』 および『規制緩和』概念の構築―」『會計』第192巻第4号，2017年，14-27頁。

第2章

「EUにおけるIAS/IFRSの承認メカニズムとドイツの論点―エンドースメントの 側面―」佐藤誠二編著『EU・ドイツの会計制度改革』森山書店，2007年（第3章所 収）：前半部分。

第3章

「EUにおける国際的会計基準適用の法的根拠―承認メカニズムに焦点を当てて―」 『會計』第174巻第4号，2008年，36-48頁。

第4章

「EUにおけるIAS/IFRSの承認メカニズムとドイツの論点―エンドースメントの 側面―」佐藤誠二編著『EU・ドイツの会計制度改革』森山書店，2007年（第3章所 収）：後半部分。

第5章

「『資本市場指向』概念に基づくEUのIFRS対応」『同志社商学』第66巻第5号，2015年， 321-332頁。

第6章

「EU指令・命令のドイツ会計法への転換―会計法改革法の制定―」川口八洲雄編 著『会計制度の統合戦略』森山書店，2005年（第3章所収）。

「ドイツにおける国際的会計基準の適用と資本市場指向概念」『會計』第180巻第5号， 2011年，57-70頁。

第7章

「ドイツの会計国際化対応と規制緩和―国内企業に対する二元的な規制緩和措置―」

『産業経理』第69巻第3号, 2009年, 40-50頁。

「会計制度改革における規制緩和」佐藤博明／ヨルク・ベェトゲ編著『ドイツ会計現代化論』森山書店, 2014年（第3章所収）。

第8章

「ドイツにおける非資本市場指向の会計制度改革—最小規模資本会社会計法修正法（MicroBilG）の要点—」『會計』第183巻第2号, 2013年, 95-106頁。

「EUの『新会計指令』へのドイツの対応—会計指令転換法（BilRUG）の要点—」『會計』第188巻第2号, 2015年, 42-55頁。

第9章

「ドイツにおける公正価値会計への対応—金融商品会計にみるIFRSへの適度な接近—」『會計』第196巻第3号, 2019年, 15-27頁。

第10章

「ドイツ会計制度にみる非財務報告の特徴—CSR指令転換法の検討を中心に—」『産業経理』第78巻第4号, 2019年, 47-55頁。

第11章

「欧州裁判所による先決的判決の展開とドイツの会計制度」『會計』第190巻第4号, 2016年, 40-54頁。

むすびにかえて

　EU（ならびに加盟国ドイツ）において，IFRSは「国際的会計基準」（IAS適用命令第2条／HGB第315e条）に置き換えられて通用する。つまり，IFRSと「国際的会計基準」は，制度の観点からみれば似て非なるものである。本書で解き明かしたのは，まさにこの点である。

　換言すれば，ドイツで適用されるのはIFRS（英語版）ではなく，EU法の一部としての「国際的会計基準」（公用語：ドイツ語版）であり，同概念のもつ両義性，すなわち一方ではIFRSの受容，そして他方ではIFRSの限定の論理となる点に注目しなければならない。したがって，エンドースメントに基づく「国際的会計基準」の形成は，国際的な基準として，IFRSをEU法の体系に組み込んで受け入れると同時に，EUそして加盟国（ドイツ）のレベルで相対化するための基点となる。本書を通底するのは，こうしたIFRSと「国際的会計基準」の厳密な区別という姿勢であり，ここに『国際的会計基準論』と題した理由がある。

　IFRS対応の最大の焦点は，一方では，（とくに資本市場向けの）決算書の情報機能の強化と，他方では，対象企業の会計負担の増大という，いわばトレード・オフの問題をHGB会計の枠組みにどのように収めるかにあった。別の観点からみれば，IFRSの域内採用と，行政コストの削減（規制緩和）を同時進行させるというEU固有の課題に，ドイツがどう対処するのかという問題である。

　その解答が，「連結決算書」と「個別決算書」の区分（連単分離）に，「資本市場指向」と「非資本市場指向」の区分を交えた“4区分のマトリックス”に基づく対応戦略である。つまり，「国際的会計基準」の適用を資本市場指向企業の連結決

算書に収れんさせ，その枠のなかでIFRSへの接近を試みる一方，他方で，個別決算書に対するHGBの強制適用を維持しつつ，非資本市場指向企業に向けた「規制緩和」によりIFRSの影響を遠ざける形をとった。

　したがって，ドイツのIFRS対応は，「国際的会計基準」「資本市場指向」「規制緩和」という3つのキーワードを駆使してIFRSと一定の距離を保つこと，すなわち"適度な接近"を図る点に際立った特徴がある。しかもそのスタンスは，制度改革を重ねるごとにより鮮明，そしてより精緻化されてきた。公正価値会計ならびに非財務報告への対応，そして欧州裁判所の判例（GIMLE判決）もまた，その方向性と軌を一にしている。

　以上が，本書で描き出したドイツにおけるIFRS対応のあり方である。

　本書は，前書『ドイツ会計国際化論』（森山書店，2004年）以降，これまでに公表してきた研究（「初出一覧」）を再構成し，大幅に加筆修正してまとめたものである。ドイツ語圏の研究と向き合うことで，英語圏を中心に広がる会計の世界とは違ったものが見えているかもしれない。また，ドイツ研究者が多いとはいえない我が国の学界状況のなかで，矢継ぎ早のドイツの制度改革を着実に，しかも先行的にフォローしてきたというささやかな自負もある。この研究スタイルをこれからも貫いていきたい。ただ，いま顧みると，研究の未熟さから多くの課題が残されていることを痛感している。読者の皆様からはぜひ，ご批判ならびにご教示を賜りたい。それを糧に今後の研究により精進したいと考える。

　ともあれ，"ドイツへのこだわり"を持って，こうして曲がりなりにも二作目を上梓できたのは，筆者の近くにいる方々からのご指導ならびにご支援があったからである。

　最大の恩師である故阪本欣三郎先生（立命館大学名誉教授）から賜った学恩は言葉では言い表せない。阪本先生は鬼籍に入り，残念ながら直接ご指導，ご叱正をいただくことは叶わない。本書を先生の霊前に捧げることでお許し願いたい。

　京都で開催される定例の「企業会計制度研究会」の先生方からは，毎回，大いなる知的刺激を受けており心より感謝申し上げる。とくにドイツ研究の先学で

ある佐藤博明先生（静岡大学名誉教授，元静岡大学長），佐藤誠二先生（同志社大学教授）からは，長年にわたり丁寧なご指導を賜っている。両先生との共同研究は筆者の研究上の羅針盤であり，本書は，佐藤博明／ヨルク・ベェトゲ編著『ドイツ会計現代化論』（森山書店，2014年），稲見亨監訳『ドイツ会計論』（森山書店，2018年）等の一連の成果によるところが大きい。

　また本書には，ドイツ・ミュンスター大学（Westfälische Wilhelms-Universität Münster）での研究滞在（2014年〜2016年）に基づく成果が含まれている。同大学のヨルク・ベェトゲ教授（Prof. Dr. Dr. h. c. Jörg Baetge）ならびにハンス-ユルゲン・キルシュ教授（Prof. Dr. Hans-Jürgen Kirsch）からは，初回の研究滞在時（1999年〜2000年）と同様，申し分のない研究環境を与えていただいた。ドイツの学界をリードしている両教授との交流は，筆者にとってかけがえのない財産である。両教授に感謝するとともに，ミュンスター・シューレ（学派）との絆をこれからも大切にしていきたい。

　2007年の同志社大学着任以来，商学部の先生方からは温かいご指導とご教示を賜っている。本書は，在外研究の成果の一部であることに加え，同志社大学商学会による出版助成（2019年度）を受けたものである。恵まれた環境のもとで仕事ができる幸せを実感している。なかでも志賀理先生（同志社大学教授）には，多方面にわたり貴重なアドバイスとご配慮をいただいており，心より感謝の言葉を申し添えたい。

　そして出版社の立場から，浅学の筆者を長年にわたり貴重な示唆と助言でもって支援の上，本書の刊行を快くお引き受けいただいた森山書店の菅田直文社長，そして編集担当の菅田直也氏に心より御礼申し上げる。

　最後に私事で恐縮ながら，筆者を支え，日々の生活に楽しさと彩りを与えてくれる妻 直子，そして子供たち（晃一・理沙）に「ありがとう」の言葉を贈りたい。

　2019年11月

稲　見　　　亨

著者略歴

　稲見　亨（いなみ　とおる）

1966 年　兵庫県に生まれる
1994 年　立命館大学大学院経営学研究科博士後期課程修了, 博士（経営学）
1999 年　ミュンスター大学客員研究員（ドイツ連邦共和国, 2000 年まで）
2002 年　西南学院大学商学部教授
2007 年　同志社大学商学部教授（現在, 大学院博士後期課程教授）
2014 年　ミュンスター大学客員研究員（2016 年まで）

こく さい てき かい けい　き じゅんろん
国際的会計基準論

2020 年 3 月 26 日　初版第 1 刷発行

　　著　者　ⓒ 稲　見　　　亨

　　発行者　　菅　田　直　文

　　発行所　有限会社　森山書店　東京都千代田区神田司町 2-17
　　　　　　　　　　　　　　　　上田司町ビル（〒101-0048）
　　　TEL 03-3293-7061 FAX 03-3293-7063　振替口座 00180-9-32919

ISBN 978-4-8394-2180-9